Tennis Magazine extra

テニス サービス 丸ごと一冊 ［増補版］

堀内昌一 著
亜細亜大学教授
テニス部総監督

ひとつの打法 ナチュラルスピンサービス が多くの球種を生み出す

ベースボール・マガジン社

はじめに

もっといいサービスは必ず打てる！

サービスがよくなればゲームは必ずよくなる 本物を目指し、可能性を追求し続ける

「みなさんは自分のサービスを説明できますか？」——

私はさまざまな指導の機会で必ずこの質問をしています。テニスはボールを打っている時間が非常に短く、ボールを打っていない時間のほうがはるかに長いスポーツです。そのボールを打っていない時間にプレーヤーは何をしているのでしょうか。休む？　もちろんそれもありますが、休みながらできることがあります。実は強いプレーヤーほど考えることに時間を使っているのです。

「サービスを理解していますか？」「ミス（フォールト）に対して修正方法を知っていますか？」、こういった質問もしますが、考えているプレーヤーと考えていないプレーヤーの違いは反応ですぐにわかります。初心者から上級者、ときにプロまでも、考えていないと次の3つのいずれかに当てはまります。

❶ 細かく説明できない
❷ 思わぬところにひっかかっている（思い違いや勘違い）
❸ あきらめている

考えることが当たり前でなければ、自分のサービスを知ることも、説明することも、ミス（フォールト）に対して修正することもできません。テニス技術の中で唯一自分から始められるサービスは、一人でもいくらでも練習することができるのに、あきらめてしまうというのは本

当にもったいない話です。さらに言えば、自分のサービスを理解しなければ、相手のサービスを分析して、攻略する術も生まれるはずがありません。

私はそういうプレーヤーたちに、「やるべきことを正しく理解して、正しいアプローチをしていれば、その努力は必ず報われる」と伝えたくて、〈サービスの基本〉と〈やるべきこと〉を徹底的に解説したのが前書『テニス丸ごと一冊サービス』でした。「もっといいサービスは必ず打てる！」をスローガンに、サービスの悩みに答えるようにつくりました。

サービスは回転がかかっている＝「ナチュラルスピンサービス（自然な回転がかかったサービス）」という呼び名を使い、今日までサービスの基本として提唱してきました。

その『テニス丸ごと一冊サービス』の初版（２００９年６月）から15年以上が過ぎ、第15刷まで継続しました。今日まで続いてきたということはそれだけ悩めるサーバーたちが多くいて、もっといいサービスを打ちたいと本書を手に取ってくれたということでしょう。

その人たちは今どうしているのでしょうか。これは私の日常の肌感覚ですが、テニスコートで目にするプレーヤーたちのサービスフォームは、かつてとかなり変わりました。バンザイ型サービス（バンザイするように腕の遠心力を使って打つサービス）はだいぶ減ってきたと感じています。その変化に、私も指導者として少しでも貢献できていたとすればとても幸せなことだと思います。

15年が過ぎ、プレースタイル、道具、トレーニングもますます進化しています。そこでこのたび技術や戦術をよりスムーズにするために、今のサービス指導方法をアップデートし、『テニス丸ごと一冊サービス［増補版］』に反映させました。

主な追加ポイントは、「構えがトリガー（動作のきっかけ）」「正しい腕の通り道は、縦ではなく、斜め」「下半身の使い方（下半身始動からの連動性について）」「ナチュラルスピンサービスをマスターするためのドリル」、さらに、ＱＲコードで動画も見られるようにしました。ナチュラルスピンサービスのボールがつかまった感覚や具体的な練習方法も表現しています。

あなたはもっといいサービスが必ず打てる！と私は信じています。挑戦を続けましょう。

堀内昌一

［増補版］アップデートのポイント

本書は２００９年６月発行の『テニス丸ごと一冊サービス』に指導項目を追加しています。主なアップデートのポイントは次のとおりです。
追加にともない、関連ページのテキスト、イラスト、写真にも追加、修正、変更を加えています。

POINT 1
構えがトリガー（パワーポジション）

テニスは相手と対峙してストロークやボレーを打ち合いますが、その際、両プレーヤーは瞬時に動き出すため、「パワーポジション」をとります。パワーポジションは（基本的に）スタンスを肩幅よりも広くしてバランスをとり、骨盤を前傾させて膝を軽く曲げ、重心を低く、一方で上体はリラックスさせて背筋を軽く伸ばした待機姿勢です。そこからボールに反応して地面を蹴って、前後左右、上下に動き出します。プレー中はパワーポジションとリカバリーを繰り返します。

実はサービスにおいてもパワーポジションが大切です。本書はこれを「構え」「下半身」の項目に追加しました。サービスは、サービスポジションにスタンスを決めて構えた際、まずボールを地面につきます。骨盤を前傾させて、腕や上半身をリラックスさせ、そして、ラケットとボールを合わせて静止した際に、股関節を曲げ（屈曲させて）パワーポジションをとるのです。この曲げておくことが、そのあと始まるトスアップ（左手）とテークバック（右手）をスムーズに行うトリガー（きっかけ）になります。股関節を曲げて構えると重心が低くなり、ラケットとボールも自然に低くなります。

トスアップとテークバックを始めると上体は必ず後傾します。後傾する前に前傾させておく（股関節を曲げている）ので、それが準備動作（予備動作）となり動作が始めやすく、運動は続いていき、下半身が地面を蹴って大きな力を発揮することへとつながっていきます。

これまで、上体を真っ直ぐに立てて構えていた方、腕に力みを感じているという方、手打ちに悩んでいる方、大きな力がつくれない、力をうまく伝えられないと感じている方はぜひ取り入れてください。力まず運動が始められ、動作がスムーズになり、安定感が増し、スピードアップ、回転力アップ、パワーアップにつながっていくはずです。

Before

直立姿勢
（予備動作なし）

After

股関節を曲げる
（予備動作あり）

POINT

2 腕の通り道（ゼロポジション）

サービスを指導していて感じるもっとも多い問題点は、「サービスのイメージの間違い」です。その点は前書でも触れていますが、本書ではもうひとつ、よく間違えられる「腕の通り道」を加えました。サービスはどのように振りますか？　とサービスが苦手なプレーヤーに質問をして実際にスイングをしてもらうと、必ず腕を縦に振ります。『サービスは縦振り』だと思っているのです。

しかし、これは間違いです。正しくは、腕は斜めに振ります。正しいグリップ＝コンチネンタルグリップ（薄いグリップ）で握り、縦振りをしたらどうなるか。ラケット・腕は体の近くを通り、肩に窮屈さを感じます。ボールはほとんどの場合、左方向に飛び、それに対処しようとして手首を使って方向を修正したり、グリップをいじったり、体の向きを変えたり、もっとパワーを出そうと上から下にスイングをするなど打法もいじり始めます。

イースタングリップやセミウエスタングリップなどの厚いグリップで握っているプレーヤーのスイング＝腕の通り道は、必然的に体に近く、縦振りになります。反対に、コンチネンタルグリップで握っている薄いグリップのプレーヤーのスイング＝腕の通り道は、斜めです。斜めにスイングすることがもっとも自然に加速して振れ、体・肩に負担がなく、パワーも出せます。

写真を見てください。わかりやすく直立してサービスのスイングをしました。ラケットを斜めに振ると関連する関節・筋肉が安定して動き、とても楽です。そこがサービスの腕の通り道です。一番力強く、加速して腕を振ることができます。その中にインパクトがあります。実際にサービスを打つときは体を傾けて打ちます。

正しい腕の通り道＝スイングをひとつ覚えれば、トスの位置を変えたり、スイングを変えたりして球種をつくるのではなく、スイングはひとつで、体の傾きをわずかに変えることでさまざまな球種のサービスを打つことができます。

ラケット（腕）を縦に振る

ラケットは斜めに振る　体を傾けて打つ

POINT

3 下半身の使い方（キネティックチェーン）

1の「構えがトリガー」と重なります。サービスの構えは、股関節を曲げ（屈曲して）、前傾させます。そうすると重心が低くなり、そこから運動を始めて、下半身主導から上半身主導へ、地面を蹴って、体幹、上体、腕、最後にラケットへと力が伝わっていきます。股関節の曲げに始まる運動連鎖（キネティックチェーン）によって大きな力を生み出すのです。

前書では、「下半身は問題を起こしにくい」「誰もがしっかりとした土台をもっている」「下半身のエネルギーを上で使う」という指導をしました。今回もそれに変わりはありません。

大きなエネルギーを上で使うために、重心は多少後ろ足に残し、腰を切る

本書では、下半身をよりうまく使い大きなエネルギーを発揮するために、前述の内容「股関節の曲げ」と、「スタンスの重心配分」「腰は回すのではなく、切る」などの内容を追加しました。

POINT 4

サービスドリル50

テニスマガジン2020年9月号の特集で掲載した記事と動画の組み合わせを追加しました。本来サービスはひとつの動作ですが、それを10の局面に細かく分けて練習方法を紹介しています。最初から最後まで順番に行ってもいいですし、問題がある箇所を重点的に行うのもいいでしょう。

1人でできるドリル、2人以上で行うドリルがあります。それぞれ行う中で、何が正しくて、何が間違っているか、自己診断できるようになることもテニス上達に欠かせません。間違っていることに気づかず繰り返して練習すれば、その間違いが身についてしまうのです。ですから、誰かの協力を得て、客観的に見て評価してもらったり、あるいはビデオに撮って自分で自分をコーチングすることをしてみてください。

POINT 5

インパクト

インパクトに関連するイラスト、写真の表現方法をよりわかりやすく修正しました。

目次

テニス丸ごと一冊 サービス［増補版］

PART 5

体の使い方を覚える

ラケットを置いて始めよう …… 131

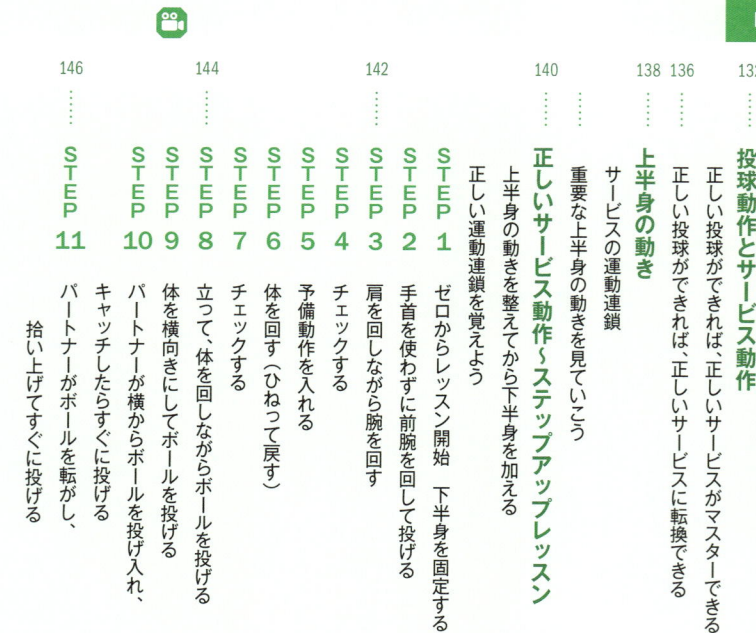

テニス丸ごと一冊サービス［増補版］

PART 6

サービスの弱点解消講座

ついてしまった癖を直したい …… 177

PART 7

10の局面に分けてわかりやすく サービスドリル50［超基礎編］

テニス丸ごと一冊
サービス［増補版］

QRコード（動画視聴）について

- 動画は、インターネット上の動画視聴サイト（YouTube）にアップしたものをQRコードに変換して、スマートフォンやタブレットで読み取ることでリンクし、視聴するシステムを採用しております。経年により、YouTubeやQRコード、インターネットのシステムが変化・終了したことにより視聴不良などが生じた場合、著者・発行者は責任を負いません。また、スマートフォンなどでの動画視聴時間に制限のある契約をされている方が、長時間の動画視聴をされた場合の視聴不良などに関しましても、著者・発行者は責任を負いかねます。
- 動画はYouTubeの限定公開（本書掲載のQRコードを読み取ることで視聴できるもの）と、一般公開（誰でも見られるもの）があります。
- 限定公開の動画には、前書『テニス丸ごと一冊サービス』（堀内昌一著）のエッセンスを映像化した『テニス丸ごとDVD』（堀内昌一著）の一部の動画が含まれます。DVDの音声は一部含まれません。
- QRコードはデンソーウェーブの登録商標です。

本書関連情報はテニスマガジンONLINEに配信いたします。
https://tennismagazine.jp/

フェデラーが教えてくれるサービス打法　ひとつの打法で十数種類ものサービスが打てる！

CHECK 1

3つの打法で3つの球種という考え方ではない

サービスといえば、「フラット」「スライス」「スピン」という「3つの打法」による「3つの球種」があると考えている方はとても多いと思います。また、サービスといえば、「2本」「2種類」で、「ファーストサービス」と「セカンドサービス」があり、ファーストサービスは「勝負」、セカンドサービスは「安全」といった考えをもって打っている方も多いと思います。しかし、本当にサービスは「3つの打法」「3つの球種」、あるいは「2本」「2種類」でしょうか。

世界のトッププレーヤー、ロジャー・フェデラーは、「ひとつの打法」で「十数種類」のサービスを打っています。「フラット系」「スピン系」「スライス系」の回転を打ち分けるほか、「速度」も変えています。例えば、時速200、190、180、170㎞……という速度のサービスを、上から第1サービス、第2サービス、第3サービス、第4サービス……と呼ぶことにしましょう。フェデラーは、16ページにあるサービス速度表を見るとよくわかるのですが、第2セットの第11ゲーム、第3ポイントのファーストサービスで、まず時速132㎞の「第8サービス」を打ち、セカンドサービスで時速195㎞の「第2サービス」を打っています。彼は引き出しにたくさんのサービスを用意しており、そこから必要に応じて出しているのです。

サービスは「3つの打法」「3つの球種」「2本」「2種類」ではなく、いろいろな速度のいろいろな球種を持つべきです。正しい打法をひとつしっかり身につければ、それはできます。回転、回転量、速度、コースなどを変えることによって、七変化するサービスを生み出すことができるのです。それがレシーバーを惑わし、苦しめ、ミスを誘うサービス、ポイントが取れるサービスになります。

サービスは
2種類、
セカンドは
安全に!
ファーストは
勝負!
サービスは
2本!
フォールト!

フェデラーのサービス速度を見てみよう

2006年AIGオープン準々決勝の対鈴木貴男戦より抜粋
試合は4-6、7-5、7-6でフェデラーが勝利

ゲーム	スコア	km/h	補足
第1セット			
第13ゲーム	15 - 0	ー	計測できず
	15 - 15	177	
		141	
	15 - 30	170	
		141	
	15 - 40	182	
	Game 鈴木	162	この試合で唯一、落としたサービスゲーム
第9ゲーム	15 - 0	181	
	30 - 0	190	
	30 - 15	**141**	
		158	
	30 - 30	186	
		193	ダブル・ファーストサービスのような速度
	40 - 30	**147**	前のポイントから極端に速度を落とす
	Game フェデラー	179	
第2セット			
第3ゲーム	15 - 0	176	
	30 - 0	189	
		123	この試合の最遅
	30 - 15	ー	計測できず
		146	
	40 - 15	152	
	Game フェデラー	157	
第11ゲーム	15 - 0	200	この試合の最速（ただしフォールト）
		153	
	30 - 0	182	
		172	
	40 - 0	**132**	
		195	
	Game フェデラー	186	
		157	
第3セット			
第1ゲーム	15 - 0	**148**	
		ー	計測できず
	15 - 15	**149**	
		177	
	30 - 15	**134**	レット
		145	
	40 - 15	167	
	Game フェデラー	**147**	
第3ゲーム	15 - 0	197	このゲームは他のゲームと違い平均時速190km以上を打っている
	30 - 0	190	
	40 - 0	189	
	Game フェデラー	195	
第11ゲーム	15 - 0	177	レット
		188	
	30 - 0	188	
	40 - 0	199	この試合の最速
		188	
	Game フェデラー	150	

CHECK 2

フェデラーのサービス速度表にヒントあり

フェデラーは、回転、回転量を変えてコースを狙い、速度を変化させて、バウンド後の弾み方まで計算してサービスを打ちます。いかにバラエティに富んでいるか、それは彼のゲームを見れば一目瞭然です。

注

- この記録は、大会が設置した速度計測器が表示した速度を編集部が記録したものです。
- コース（ワイド、センター、ボディ／深・中間・浅）、回転（フラット系、スライス系、スピン系）などの記録はしていません。
- 各ポイントとも上段がファーストサービス、下段がセカンドサービスで、レットもあります（補足あり）。
- ファーストサービスから時速120〜140km台の低速サービスを打っている場合にマークしています。

ナチュラルスピンの打法は
回転量を変えて何種類ものサービスを打つ
サービスはひとつ！！
スライス
フラット
スピン
あれ！？
サービスは３つの打法で３つのサービスを打ち分ける
プロの場合
アマの場合

回転がかかるのはコンチネンタルグリップのサービス腕が回転している途中で斜めにインパクトがある

CHECK 1

コンチネンタルグリップの打法は腕が回転している途中にインパクトがありラケット面がボール(球体)に斜めに当たるだからナチュラルスピンがかかる

コンチネンタルグリップ

CHECK

2 体を傾けることによって ボールへのラケット面の当たり方が変わり、「スライス系」「スライス・スピン系」「スピン系」など 複数の球種を生み出す

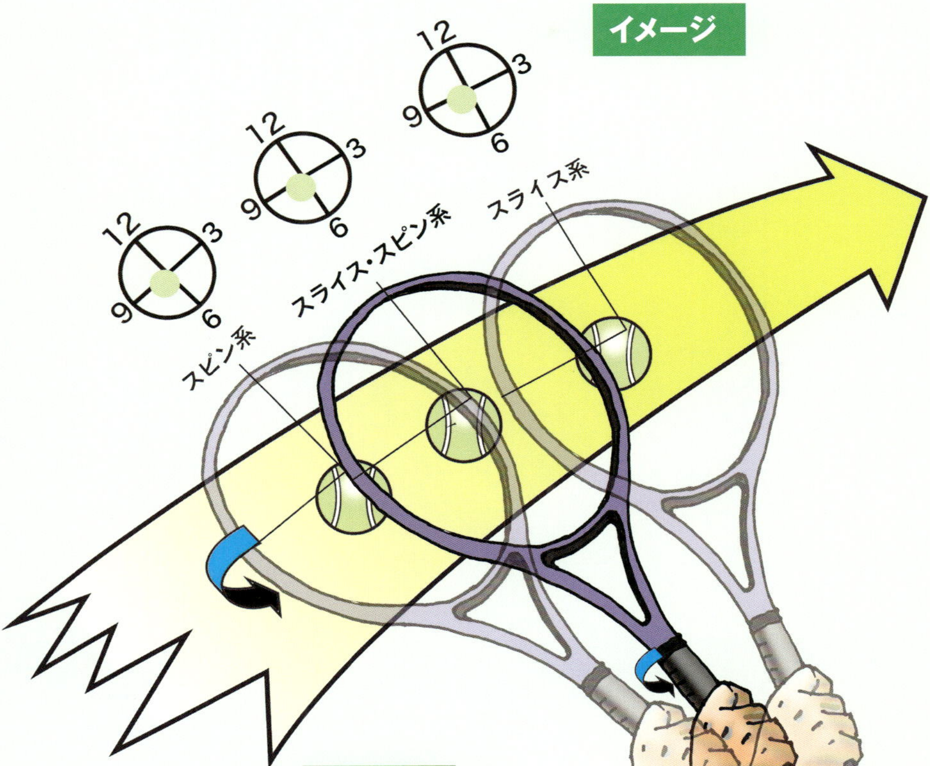

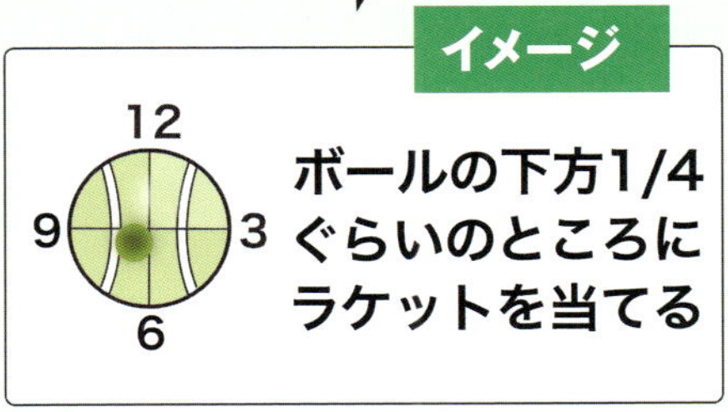

回転がかからないのは厚いグリップのサービス腕の回転がなくフラットにインパクトがある

CHECK 1

厚いグリップの打法は（厚くなるほど）前腕が回転しないので手首がまっすぐに伸びて、ラケット面がボールに対してフラットに当たる

イースタングリップ

セミウエスタングリップ

CHECK

2

厚いグリップの打法はボールに対して
ラケット面が真後ろからフラットに当たるので
回転がかからない

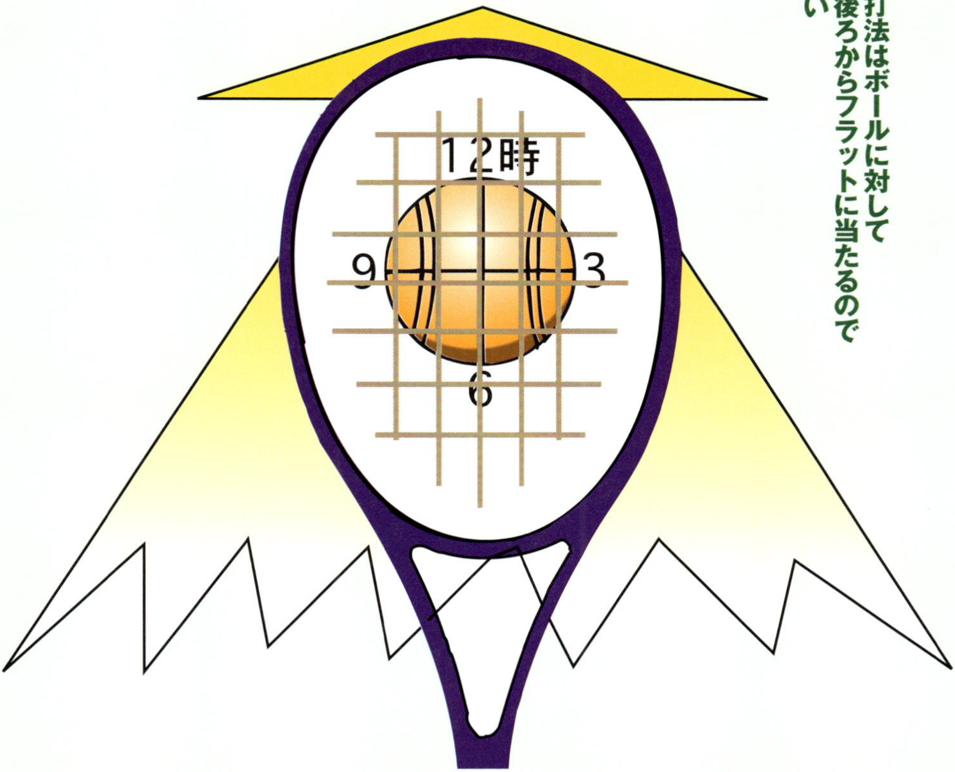

回転がかかるサービスは動作方向と打球方向が違う

CHECK

コンチネンタルグリップのナチュラルスピン打法では動作方向と打球方向が違う

動画はコチラ

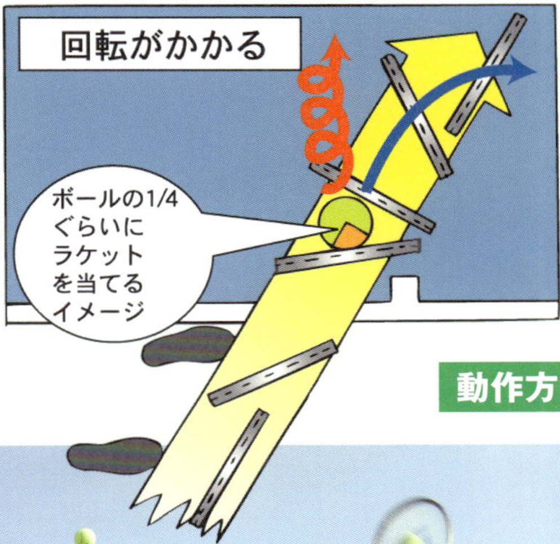
回転がかかる
ボールの1/4
ぐらいに
ラケット
を当てる
イメージ

体→肩→肘→腕と運動連鎖し、 腕が回転（回外・回内）している途中にインパクトがある。だから、ラケット面がボールに対して斜めに当たり、ナチュラルスピンがかかる。この打法をベースに、体を傾けることによってボールへのラケット面の当たり方が変わり、「スライス系」「スピン系」「スライス・スピン系」「フラット系」など複数の球種を生む

動作方向と打球方向が違う

回転がややかかるサービスは動作方向と打球方向がやや違う

CHECK

イースタングリップのフラットサービス打法は動作方向と打球方向がやや違う

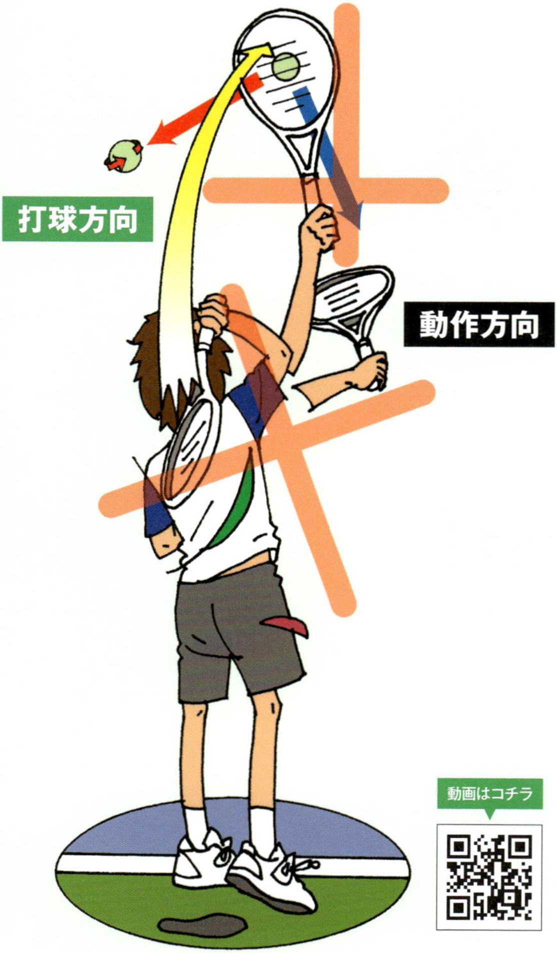

動画はコチラ

サービスは「フラット」が基本と考えていると、そのイメージの勘違いによってグリップが厚くなる。 イースタングリップのサービスの場合、スタンスはスクエアスタンスが自然。体のひねり戻しはあまり使わない。ボールに対してラケット面を真後ろに当てようと、体を正面に向けながら、手首を伸ばしてインパクトする。それにより回転がややかかる

動作方向と打球方向がやや違う

回転がかからないサービスは動作方向と打球方向が同じ

CHECK

セミウエスタングリップのフラットサービス打法は動作方向と打球方向が同じ

動画はコチラ

サービスは「フラット」が基本と考えていると、そのイメージの勘違いによってグリップが厚くなる。 セミウエスタングリップのサービスの場合、スタンスはオープンスタンスが自然。体のひねり戻しはほとんどなく、体が正面を向いたままになるので、ボールに対してラケット面が真後ろから当たる。それにより回転がかからない

動作方向と打球方向が同じ

サービスの動作方向は正面ではなく、右斜め上方向斜めの仮想コートをイメージすると打ちやすい

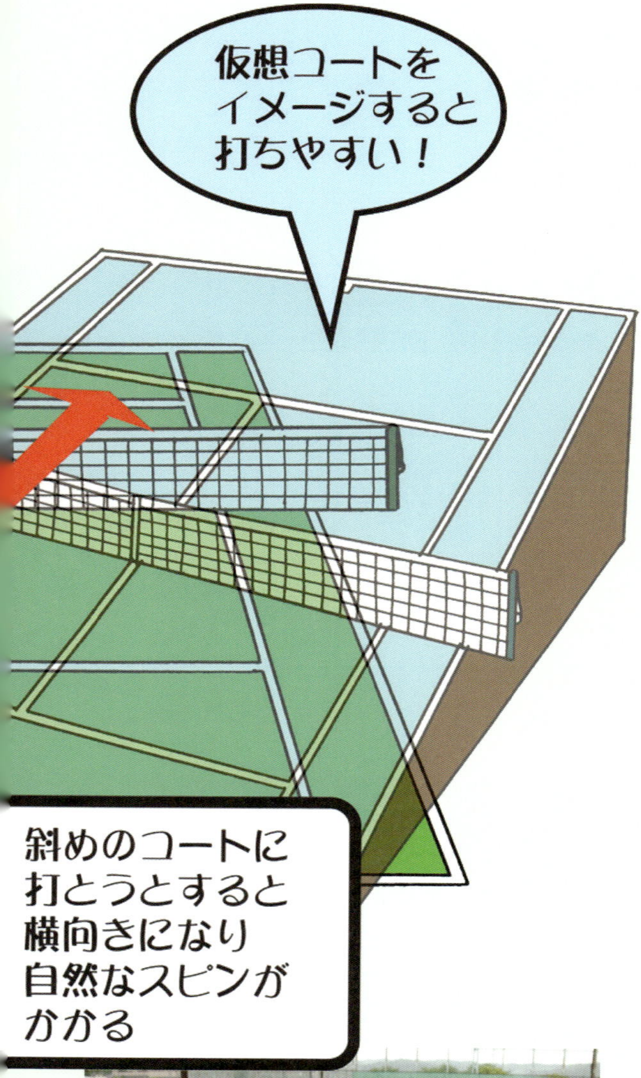

仮想コートをイメージすると打ちやすい！
斜めのコートに打とうとすると横向きになり自然なスピンがかかる

CHECK

○ コートを斜め上に傾けて見る

テニスコートを右斜め上方向に傾けてイメージしよう。その仮想コートに向かって動作すると、ナチュラルスピン打法の基本、動作方向と打球方向の違いがつかめる。それは「あっち向いて」「ホイッ!」の感覚に似ている。「あっち向いて」＝動作方向、「ホイッ!」＝打球方向

ナチュラルスピン打法は「あっち向いて」「ホイッ！」

正面のコートに
打とうとすると
正面向きになり
スピンがかからない
×
○

CHECK

× コートを正面下に見ない

実際にはテニスコートは縦に見て、ネットを越えるようにボールを飛ばさなければならない。しかし、その「正面下」のイメージが、正しいサービススイングの邪魔をしてしまうことが多い。サーバーから見てサービスボックスはネットの下にあるが、そこに向けて「上から下」に動作するのは大きな間違い。すなわち動作方向と打球方向が一致する打法では、いつまでたってもサービスは入らない

正しい運動を順序よく覚えていけば誰でもナチュラルスピン打法はマスターできる

STEP

1

手首は使わず 腕の回外・回内運動で ボールを投げる

正しい運動を覚えるために、ラケットを置いてボール投げから始める。ボールの持ち方が大切で、親指、人差し指、中指で軽くつまむように握る（こうすると手首を余計に使わずに済む）。肩を地面と水平にして、肘の角度は９０度。手のひらを内側に向けて、前腕のひねり（腕の回転）でボールを軽く飛ばす。 すべての運動にいえることだが、 手首は使わない（自然に使われる）

STEP

2

運動の予備動作として 肩のしなり （外旋・内旋運動）を入れる

STEP1の前腕をひねる運動は主要動作。本来、動作を起こすときには予備動作が必要で、STEP1はそれを省いている。そこで、次の運動に入る。予備動作として肩を回し、そうすると続いて腕が回る。肘の位置は動かさず、腕を後ろに少し倒して戻す。サービスに問題のあるプレーヤーはこの肩が回る運動が抜けやすく、 それにより運動連鎖がスムーズにいかない

動画はコチラ

STEP

3

体を回して肩・腕の運動につなぐ

すべてに言えることだが、運動は体を回すことで始まる。そこで体を回し(ひねり戻し)、肩・腕の運動を導く。両肘の角度は９０度を保ったまま、両肩を地面と水平に体を横にひねる。 このとき予備動作として手のひらを下向きにおいて、体を回す(ひねり戻す）と肩の外旋が入り、ＳＴＥＰ２の動きに入り、 ボールを投げる

両肩を水平に、両肘の角度は90度を保ち、手のひらを下向きにして構える(予備動作)

体のひねりを戻すと、ここからSTEP2と同じ運動に。この時点で手のひらが内側(頭のほう)を向き、肩・腕が回り、最後に手のひらが外側を向く

左足荷重で膝を曲げ、下半身を使って腰を切り、上半身を回す。STEP1～3の体・肩・腕の回転はすべて同じで、運動がつながるように

STEP
4 動作方向を変えてサービス動作につなげる

STEP1～3の運動をサービス動作につなげる。ポイントは動作方向を変えることにある。ここまでのSTEPでは動作方向が「前（正面）」だったが、サービスに置き換えるときは、スタンスは「クローズドスタンス」で動作方向を変え、「右斜め上」になる

STEP
5 ラケットに持ち替えて「あっち向いて」「ホイッ！」方式でボールを打つ

STEP1～4の運動をラケットに持ち替えて、サービス動作に転換する。正しいグリップを身につける導入方法としてラケットを短く持つ。フレームが薄く見えるように持つとコンチネンタルグリップになる。これまでの運動と同じように体を回してトスアップ。そうするとトスは横に上がるので、動作方向の右斜め上に視線を置いたまま運動を続ける（腕を回し続ける）と、ボールが左斜め下に飛んでいく。「あっち向いて」＝動作方向、「ホイッ！」＝打球方向となる

フレームが薄く
見えるように持つ

ホイッ！
あっち向いて

PART 1

サービスの正しいイメージをインプット

サービスがよいプレーヤーの絶対条件

すべてのプレーヤーに共通するフォームにテニスの基本がある

全員が全員行っている動作だから、それが必然でありそれが基本である

みなさんと同じようにトッププレーヤーも理想のプレーを追求しています。**世界の頂点に立つために。勝つために。**

〈理想のプレー〉を追い求めて日々努力を重ね、積み上げてきた結果が、トッププレーヤーたちが私たちに見せてくれるプレーです。それが、彼らがこれまで鍛え上げてきた最新のテクニックとも言えます。

彼らのサービスフォームを見れば、みなさんも気づくでしょう。サービスのよいプレーヤーのフォームが同じであることにきっと気づくはずです。そして、なぜ同じなのかと考えてください。本書を読んでいく中でその理由を知るとき、「やっぱりテニスはおもしろい！」と思うに違いありません。

〈理想のプレー〉とは、精度の高いゲームを意味します。精度の高いゲームをするためには、ひとつひとつのテクニックの精度も高くなければなりません。意図したところに何度打っても入るボール。それは再現性の高いフォームから生まれるものです。トッププレーヤーたちは、その再現性の高いフォームを追求してきた結果、同じボディワーク＝体の動かし方にたどりつきました。全員が全員行っているボディワークはテニスプレーヤーにとっての必然であり、つまり究極のテニスの基本と言うことができます。

ラケットを動かすことより、大切なのはボディワーク 個性はその先に生まれる

みなさんがテクニックをマスターするときに陥りやすい落とし穴は、「ラケットワーク」への過剰な意識です。ラケットを引く……ラケットを背中に

担ぐ……ラケットを振る……というようにラケット中心の運動になりがちです。しかし、ラケットはボディワークについてくるもので、まずは体が正しく動かなければラケットも正しく動きません。だからこそボディワークが大切なのです。

私たちは、テニスにおける『個性』のとらえ方を勘違いしているところがあります。ラケットの握り方、引き方、振り方に個性を見出そうとしていませんか？　しかし、テクニックに個性は必要ありません。『個性』はテクニックの組み合わせ＝それぞれのゲームに見えるものであり、相手とどう戦い、どう勝つかという戦略＆戦術に『個性』は生まれてきます。私たちが目指すべきはそこなのです。

よって、すべてのプレーヤーに共通する基本を押さえておくことが、テニス上達には欠かせないことになります。

サービスはコンチネンタルグリップ これがすべての始まり

何があっても最初のチェックポイントはグリップです。サービスはコンチネンタルグリップであることが絶対条件です。いわゆる薄いグリップですが、コンチネンタルグリップでなければ、ここから先に見るサービスの基本動作はまるで当てはまらないものになります。なぜなら、わずかにグリップが〝厚い〟だけで動作方向と打球方向が変わってしまうからです。それがサービスの弱点につながるものとなります。

構えたときはラケットとボールを揃えて持ち、下に下げて構えるプレーヤーがほとんどです。

そのときラケットとボールは必ず静止させていて、体から離れます。グリップが薄いほど、手首を自然な状態にすると、(右利きプレーヤーの場合)ラケットヘッドは左方向を向き、ラケットフェースは上を向くのが特徴です。

コンチネンタルグリップで打つサービスは、動作方向が「右斜め上」で、打球方向が「左斜め下」になります。斜め上方向に動作するため、それに合った体の向きは横向きで、クローズドスタンスです。

また、アドバンテージサイドでつくった体の向きが、ストレートでもクロスでもどの方向にも打てる体の向きで、コンチネンタルグリップの動作方向は「右斜め上」ですから、場所を変えても(デュースサイドでも)同じ構え、同じ打ち方でよいのです。

ところが厚いグリップで打つサービスは、動作方向と打球方向が同じで「前」となるため、構えたときに体とラケットを「同じ方向(前方向)」へ向けなければなりません。デュースサイドから打つときは体ごと左方向を向き、アドバンテージサイドから打つときは体ごと右方向を向くという感じになります。

ラケットヘッドは左方向を指す ラケットフェースは上を向く

股関節を曲げて（屈曲して）構える
両サイドともクローズドスタンス

インパクトの形を保ったまま手首を余計に動かさない

グリップ部分にもう少しフォーカスします。コンチネンタルグリップのサービスは、構えたときに手が体から離れます(厚いグリップのサービスは手が体に近いという特徴が出ます)。

次に手首を見てみると、ある一定の角度があることがわかります。スイング前のリラックスした状態にもかかわらず手首が伸びきっていません。ラケットヘッドをやや起こした状態で、わずかに角度があります。これはインパクトの形でもあり、これから始まるテークバックでは、この手首を余計に動かしたりせず、インパクトの形を保ったままテークバックすることが重要なポイントになります。

それから懐部分を見てみましょう。

コンチネンタルグリップは手の位置が体から離れる

ボールとラケットを揃えて構えたそこに、〝長方形〟のスペースがあることがわかります。コンチネンタルグリップで握り、クローズドスタンスで構えた場合、胸の前にはある一定のスペースができます。この形から体をひねることがすなわちテークバックです。ところがグリップが厚いプレーヤーの場合、手が体に近くなるためスペースがないのが特徴です。

手首は自然な状態で一定角度があり、伸びきらない

構えると懐に長方形のスペースができる

トスアップは体幹の捻転に併せて右斜め前～横方向へ

体幹を横にゆっくりひねり、両肩・両腕を同期させる

テークバックは体を横にひねることに始まります。構えたときにクローズドスタンスをつくっているため、体は横にひねりやすくなっています。現在、男女ともに、この体幹をひねる捻転型サービスを打っているのは、それがもっとも理想的な体の使い方ができる打法だからです。

体幹をひねってテークバックすると、そのひねりにともない、両肩・両腕がこれについてきて(同期して)、ラケットがゆっくりと体の前を通り、顔の前で止まります。これがトスアップであり、テークバックで、左手(トスアップの手)はベースラインに対して右斜め前～横方向に上げることになります。よく、「トスを前に上げる」という言い方をしますが、これは勘違いしやすい言葉です。もちろんトスは前に上げることに変わりはないのですが、体を横にひねることを考えれば、ネットに対してまっすぐ前に上げるのが正しいわけではなく、体を横にひねる中で、体の前(右斜め前～横方向)に上げるというのが正しいトスです。

ボールのリリースポイントは顔の前です。空中にある〝棚〟の上にボールを載せるイメージで行います。手首は

ボールを空中の〝棚〟の上に載せる

リリースポイントは顔の前

いっさい使わず、その証拠として、左手の親指が上を向き、〝そっと〟行っていることがわかります。

　トスの高さはインパクト点のやや上程度で、決して高くありません。ボールを下から上に放り投げて高く上げてしまうと、ボールが落下するとき加速して、動作が間に合わなくなったり、タイミングが合わせられなくなりむずかしくなります。トスアップは体の捻転に合わせてゆっくりと、加速させずに行い、ボールを空中にある〝棚〟の上に載せるイメージで十分です。

ラケットの重心は手首寄りで、テークバックは顔の前

手首は余計に動かさない

体を横にひねるテークバックでは、ラケットは体（顔）の前を通過します。かつての「バンザイ型テークバック（前後に両手を大きく開いて、ラケットの遠心力を使ったもの）」が、今では「捻転型テークバック（体をひねってラケットを引く）」に変わり、非常にコンパクトになりました。それにともない、トスは低くて十分です。トスが低いとスイングをあれこれいじる間がなく安定します。また、トスが低いと風の影響を受けにくく、これも大きなメリットになります。

テークバックのときにサービスのよいプレーヤーが決して外さないポイントがあります。それは手首をあれこれといじらない点。構えたときの手首

ボールは
手の甲側から見る

手首の形は、すなわち
インパクトの形

の角度＝インパクトの角度となっており、これを維持した状態でテークバックしています。体の捻転でテークバックするため、ラケットはゆっくりと体（顔）の前を通ります。つまりラケットの重心が手首寄りにあり、ラケットヘッドの重みを利用してテークバックしません。

ところが、バンザイ型サービスはテークバックで両腕を広げるとラケットが加速して、ラケットヘッドに重心がいきます。このとき手首が解放され、伸びたりして、あとで余計に使ってしまう原因になります。手首を使いすぎるとコントロールしにくいばかりか、パワーが伝わらず、また、ダブルフォールトを生み出す結果となります。やはりバンザイ型サービスが皆無になった理由は、体の捻転が使いにくい運動であり、大きなパワーを得られないからです。

体幹を横にひねるから肘が落ちない 上半身と下半身に捻転差が生じ、一瞬の静止がある

肘と手首の角度は一定

テークバックは上半身主導で行いますが、同時に下半身も動き始めます。テークバックからフォワードスイングに切り替わるときを〈切り返し〉と言いますが、この切り返しのときに、上半身を動かしてきたエネルギーをいったんゼロにするイメージで動きを静止します。そのとき上半身と下半身に捻転差が生じます。この静止は、下半身から生まれる大きなエネルギーを使うためのものであり、〈切り返し〉をきっかけに上半身から下半身主導に切り替えるのです。

体を横（要するに左右）にひねると

肘は落ちません。肘が落ちると、肘を支点としたラケットの加速がしにくくなります。だからこそエネルギーは横方向（左右方向）にひねるところからつくり始めます。そして横（左右）にひねるから肘が落ちないのです。非常にシンプルです。

かつて、バンザイ型テークバックに始まる大きな円運動スイングをしていた時代は、エネルギーは使いっぱなしでしたが、今は捻転型テークバックに始まるスイングになり、一瞬の静止状態があります。

その一瞬の静止状態のときは、肘と手首の角度は一定しています。ラケットは耳から離れた位置にあります。かつてラケットは「背中に担ぐ」という表現が使われましたが、今はその表現は当てはまりません。

ラケットは耳から離れ、背中に担がない

下半身からのエネルギーが体幹と上体に伝わるまで左手を静止

その後、左手（左肘）を引き、体幹が回転して右肩が前に出てくる

膝を曲げて重心を下げ、エネルギーをためる

左足寄りに重心がある

テ

ークバックすると上半身と下半身に捻転差が生じます。そのとき重心は左足寄りです。より正確なトスアップとインパクトを得るために必要な要素です。前後の体重移動はあまり必要ありません。地面を踏んだ下半身の屈伸と、それにともなったひねり（捻転）によってサービスの運動連鎖が起こり、ジャンプをして下から上への体重移動を行います。

両足で地面を蹴る

腰を切ってひねりを戻し、体幹と上体にエネルギーを伝える

上半身と下半身の捻転差が生じているとき、下に目を下ろしていくと、膝が十分に曲がっていることがわかります。90度くらいです。ここで大きなエネルギーをためて、そのエネルギーを発揮する〈切り返し〉動作に入ります。捻転差により、次の動作で腰を切ってひねりを戻すと、エネルギーが下から上へ、下半身から上半身へと伝わって、最終的にジャンプする形となります。

一方、〈切り返し〉のときの左手に目を移すと、トスアップした左手は下半身からのエネルギーが体幹と上体に伝わってくるまで静止していなければなりません。その後、左手（左肘）を引いて体幹の回転運動をサポートすると、右肩が前に出てきてエネルギーを上に使うことができます。

〈切り返し〉まで左手は必ず静止させておき下半身の伸展（爆発力）を誘導する

下半身からの運動連鎖によって体は回転し続けますが、それにともない右手のフォワードスイングをより加速するために、トスした左手は運動連鎖に従って順序よく使い、右手を誘導する必要があります。うまく誘導できれば↓肩が回り（外旋と内旋）↓肘が出て（腕を伸ばしながら）（伸展）↓腕が回り（回外と回内）↓手首が（自然に）返ります。つまりフォワードスイングがスムーズに行われます。

ところが、下半身からの運動連鎖をともなう前に左手を早く下ろし、右手のフォワードスイングを誘導しようとしてしまうプレーヤーがいます。これはグリップの厚いプレーヤー（フォアハンド寄りのグリップ）に多く見られる症状です。また、正しいグリップ（コンチネンタルグリップ）で握っていても左手を早く下ろしてしまうと、本来得られるはずの大きなパワーを失うことになってしまいます。

正しくは〈切り返し〉まで、左手は静止させておきます。それが下半身の伸展（爆発力）を誘導し、大きなパワーを上半身に伝えます。

左手が
フォワード
スイングを誘導し、
右手を加速させる

〈切り返し〉のとき下半身主導から上半身主導の動きに切り替わる

手首の位置は変えずに〈切り返す〉

捻

転型サービスは、テークバックのあとに一瞬静止し、それを境に「ひねり」が戻ります。一瞬の静止のときには、ラケットは体・顔の前で、背中に落としません。肘・手首の角度は一定で、ここから手首の位置を変えずに体のひねりを戻すと、ラケットヘッドが自然な形で背中に落ち、加速していきます。

ゴルフでよく使われる用語に「スイングプレーン」という言葉があります。ゴルフも道具を使いながら体の回転運動を使って行うスポーツであり、その回転運動によってクラブが描くスイング軌道を「スイングプレーン」と呼んでいます。テニスにもこのスイングプレーンが当てはまります。テニスはテークバックのときに1つ目のスイングプレーンがあり、フォワードスイングのときに2

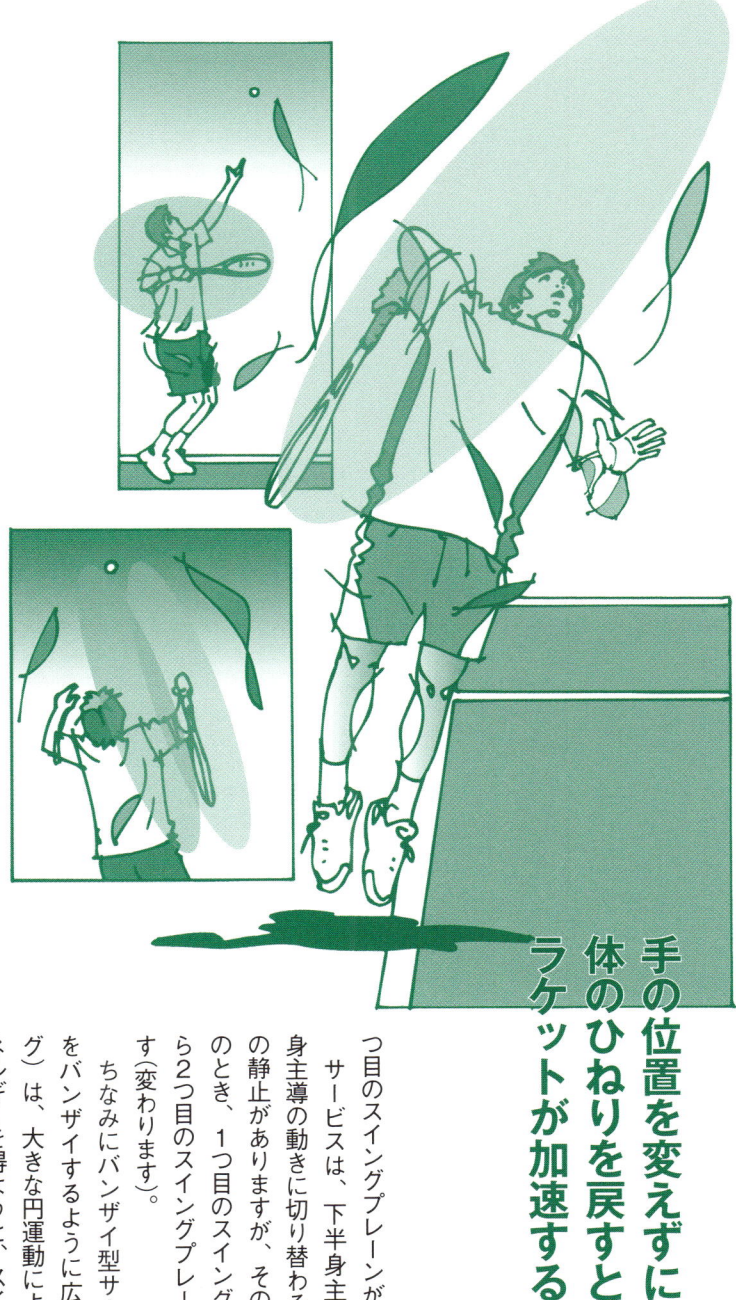

〈切り返し〉をきっかけにスイングプレーンが2つできる

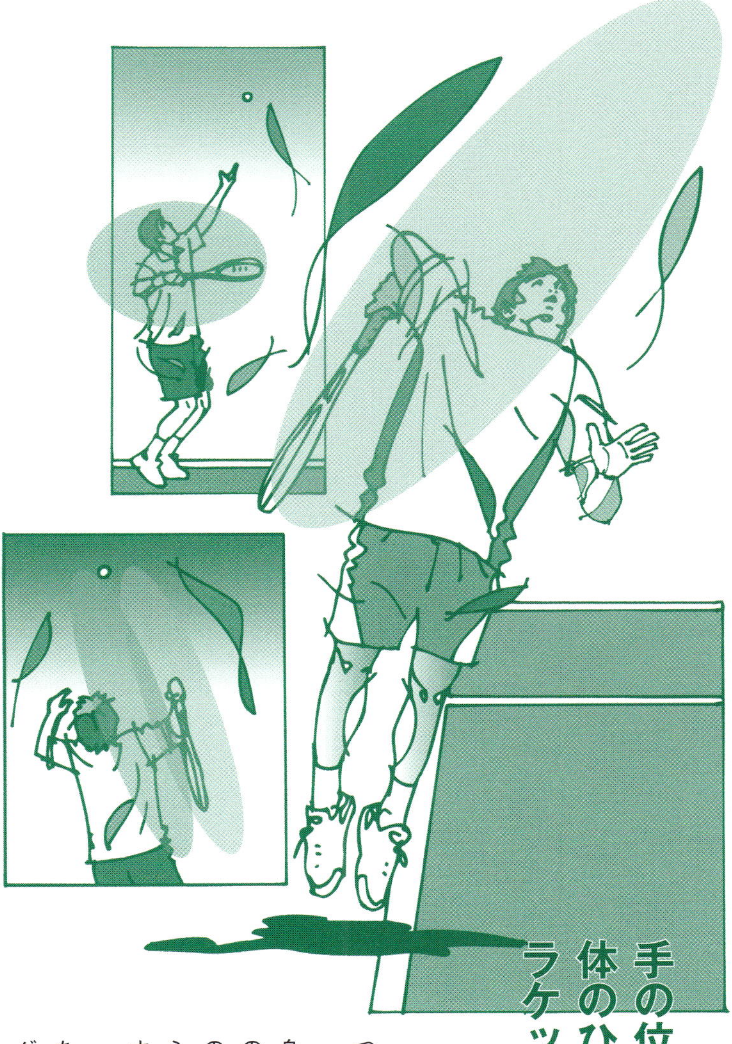

手の位置を変えずに体のひねりを戻すとラケットが加速する

つ目のスイングプレーンがあります。
サービスは、下半身主導から上半身主導の動きに切り替わるとき、一瞬の静止がありますが、その〈切り返し〉のとき、1つ目のスイングプレーンから2つ目のスイングプレーンへずれます（変わります）。
ちなみにバンザイ型サービス（両手をバンザイするように広げるスイング）は、大きな円運動によって最大エネルギーを得ようと、スイングはほとんど動きっぱなしで加速させるスイングです。だからテークバックからフォワードスイングまで、スイングプレーンは1つになります。

上半身が回転しながら→肩が回り（外旋と内旋）→肘が出て（腕を伸ばしながら）（伸展）→腕が回り（回外と回内）→手首が（自然に）返る

手首の位置を変えずに〈切り返す〉と肩が回る

ジャンプしてインパクトに向かいますが、そのときの上半身の動きは次のような順序となります。上半身が回転しながら→肩が回り（外旋と内旋）→肘が出て（腕を伸ばしながら）（伸展）→腕が回り（回外と回内）→手首が（自然に）返ります。テークバックのあと、手首の位置を変えずに〈切り返す〉と肩が回りますが、これに続く運動連鎖の中にインパクトがあります。

腕が加速して伸び、さらに前腕が回ってインパクトを迎えるときは、薄いグリップ（コンチネンタル）であれば自ずと「腕の通り道」は耳から離れます。直立した体勢で考えると、腕の通り道は頭を通る縦ラインと両肩

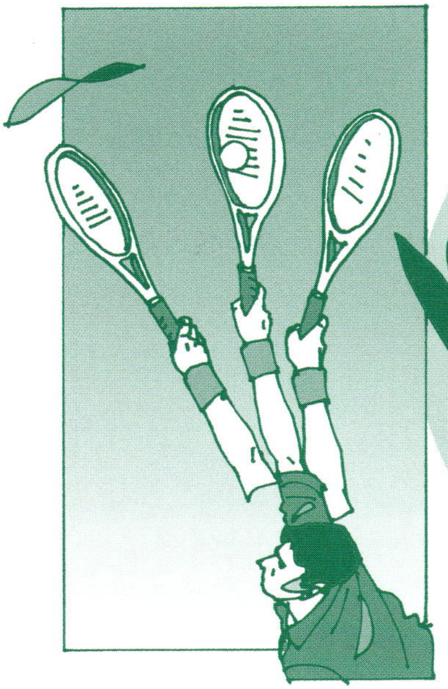

前腕が回転している途中でボールをとらえる

前腕の回転にともない、ラケット面がフレーム小指から出る

を通る横ラインの真ん中45度あたり(イラスト参照)を通ることになります。体幹を回して腕を斜めに振ることで打点が遠く感じられますが、それこそが正しいスイング軌道(通り道)です。腕を斜めに振ることでもっとも力が入り、筋肉も安定して故障もなく、楽に振ることができます。

インパクトでは、前腕のひねりが完了するときにボールをとらえるのではなく、前腕が回転している途中でボールをとらえます。だからボールを斜めにとらえることになり、「ナチュラルスピン」がかかります(一方、前腕のひねりが完了するときにボールをとらえると「フラット」になる)。フラット系、スライス系、スピン系などの球種は、このナチュラルスピンを中心に生み出します。ボールとラケットが斜めに当たる、その角度(当て方)を変えることによって生み出すため、スイングはひとつです。球種を得るためにスイングを変える必要はありません。

インパクトは右斜め上方向、そこから顔を離さずインパクトを見続ける

フォワードスイングからインパクトにかけて、ボールへ向かうラケットがフレーム（グリップ部分で言えば小指）から出てきます。ラケット面（グリップ部分で言えば手のひら）から出てきません。

その後、ラケットは前腕の回転にともない、小指から手のひら、さらに親指側へと回転していきます。その中でインパクトを迎えています。

インパクトのときの手首の角度は、構えたときと同じ、自然な状態で「くの字型」

前腕の回転にともない、ラケット面がフレーム小指から出て、手のひら、親指側へと回転していく

インパクトを見続ける

で、ある程度の角度があり、決して伸ばしません。

また、インパクトのときは、インパクトから顔を離さず、顔の向きは右斜め上方向で正面方向ではありません。このとき顔を前に向けたり、ずらしたりしてしまうと、一番力を作用させたいインパクトを外すことになります。インパクト点を見続けることで、正確なインパクトと正確な打球方向が保証されます。

左手は下ろさず、肘を引いて上にとどめる

手首の角度は、構えたときと同じ

動作は「右斜め上」へ、打球は放物線を描いて「左斜め下」へ

顔は動作方向を向いたまま、インパクト点を見続ける

インパクト点を見続け、ボールを打ったあとも顔を残します。決して頭は動かさず、サービス動作をやりきり、動作が終わったあとに顔を前に向けます。

動作方向は「右斜め上」で打球方向は「左斜め下」、それがナチュラルスピンサービスで、ボールは放物線を描いて飛んでいきます。

フォロースルーは、体を回したことで起きる肩の内旋→肘の伸展→前腕の回内という動作で、その結果、動作方向である「上」で終わります。よって、サービス

右斜め上でフォロースルー、だから肘の位置が高い

のフォロースルーは右斜め上方向です。かつてのバンザイ型サービスは、動作方向と打球方向が一致していたので（どちらも前方へ向かって行っていた）、フォロースルーは左腰の前あたりでした。それが今のサービスとの大きな違いです。今のサービスはフォロースルーがないのではなく、フォロースルーを斜め上方向でやっているだけです。

その後、ジャンプした体が着地する際、体を正面に向けるのと同時にラケットは自然に下に落ちていきます。

男女ともナチュラルスピンサービスが基本

人間の行うサービスには原理原則があります。球威、コース、深さを『スピン(ボールに与える回転)』が生み出す時代になりました。

また、ラケットの進化が手伝い、年齢、性別を問わず、誰もがナチュラルスピン(自然な回転がかかったサービス)をマスターできるようになりました。ただ速いだけのサービスを打つだけではサービスキープができない時代です。今はいかにそのナチュラルスピンサービスを生かすか、バリエーションを増やせるかを競っています。

185㎝のロジャー・フェデラーが、長身から打ち下ろすことができるにもかかわらず、フラットサービスではなくスピンサービス(ここではナチュラルスピンと考えます)を駆使するのはなぜでしょう。それはスピンの確率が高いことはもちろんですが、、回転、回転量、速度、深さをコントロールできるからです。その変化により相手はリターンするときに時間差を感じて(要するに同じボールが来ないということ)、バウンドがイレギュラーして(変則的に弾んで)、リターンしにくいボールであると感じます。サーバーからすれば、ナチュラルスピンを駆使することによって、相手のリターン力を下げることができます。だから今はかつてのような「フラットサービスが基本」ではなく、「ナチュラルスピンが基本」なのです。

男女揃って同じサービスを追求する時代です。そして、これからますます進化することでしょう。回転を操り、パワー＆スピードをコントロールしつつ、安定性の高い、質の高いサービスが求められそうです。

PART 2

サービスの戦略＆戦術

サービスを打つ前に

PART 2 サービスを打つ前に

サービスが大切と誰もが言うけれどどれくらい大切か知っているの？

1 簡易テストでサービスの実力を知る サービスは入らなければ意味がないもの

「さあ、サービスレッスンに入りましょう！」と言いたいところですが、その前に練習に力が入る大切な話をしておきましょう。

あるとき、こんなテストをしました。我が亜細亜大学に練習をしにやってきた高校生たちに協力してもらい、サービスエリアの両コーナーにシングルスポールでターゲットエリアをつくり、そこを狙ってもらい、その中に10本中何本サービスが入るのかをテストしました。

結果は、平均すると

●亜細亜大学
平均50％
●A高校（全国大会トップレベル）
平均40％
●B高校（地域大会トップレベル）
平均30％
●C高校（県大会トップレベル）
平均20％

という結果になりました。

このテストでは指定エリアがあるため、サービスエリア内にサービスが入ってもカウントされない厳しさはあります。それでも試合では狙ったところに入れなければなりませんから、これくらいのプレッシャーは必要です。その上でこの結果をみなさんはどう受け止めますか？

テニスプレーヤーなら誰もが「サービスの確率を上げることは大切だ」と言います。しかし、この結果は本当にそれがわかっているのかと疑いたくなる結果です。私はこれがとてもショックで、「何とかせねば」と決意を新たにしました。ですから、まずはみなさんに、サービスがどれくらい大切なショットであるかをお話ししたいと思います。それによって、みなさんがサービス練習に打ち込むようになり、効果を上げていってくれることを大いに期待します。

2 ファーストサービスの確率が50%だとすると1ゲームに打つサービスの本数は平均9本

ここから先は単純なものの考え方としてお読みください。

みなさん、1ゲームの平均ポイントは何ポイントだと思いますか？　1ゲームはだいたい40—30か30—40でゲームとなる場合が多いとされ、その場合「6ポイント」プレーしたことになります。また40—15、15—40でゲームとなると「5ポイント」で、40—0、0—40からゲームとなると「4ポイント」プレーしたことになります。デュースからゲームとなると「8ポイント」で、デュースを繰り返せば「10ポイント」「12ポイント」……となります。

このように考えて、1ゲームの平均ポイントを割り出すとおおむね『6ポイント』で行われていると考えられます。

1ゲームが6ポイントであることがわかりましたので、次に1ゲームに打つファーストサービスの数がわかります。「6本」です。しかし、それは6ポイントともファーストサービスが入れば6本ですが、入らなかったらセカンドサービスをあと「6本」打たなければなりません。つまり6本＋6本＝「12本」のサービスを打つことになります。

このとき、仮にファーストサービスの確率が50％だとすると、6本中3本はファーストサービスが入ったことになり、あとはセカンドサービスも打ったことになりますので、つまり1ゲームで6本＋3本＝『9本』のサービスを打つと考えることができます。

では、1ゲームに9本のサービスを打つことがわかりましたので、次に1セットでどれくらいのサービスを打つのか考えてみましょう。1セットは6―0あるいは0―6の場合から、7―6あるいは6―7の場合までが考えられます。つまり合計ゲーム数は最低で「6ゲーム」、最高で「13ゲーム」ですから、このうち真ん中の数字「10ゲーム」を仮に平均と考えてみます（6―4ないしは4―6で勝負が決まったという考え）。このうち自分にサービスが回ってくるのは半分ですから、つまり『5回』が自分のサービスゲームということがわかります。（5回のうち1回でもサービスを落とせば、その結果、スコアは4―6となって勝機を逃すということがわかります）。

3 1セットに打つサービスは45本、3セットだと135本 あなたはこれをどれくらい真剣に打っているだろうか

少し遠まわしな言い方が続きましたが、だんだんゲームの成り立ちがわかってきたと思います。ここからが大切なところです。

1セットで『5回』あるサービスゲームで『9本』のサービスを打つと、5回×9本＝『45本』のサービス（ファーストサービス30本、セカンドサービス15本の計算）を打つことになり、これを3セットで考えると45本×3セット＝『135本』のサービスを打つ計算になります。この数字を知ってどうですか？ こんなに打っていると思わなかったでしょう。

ここでみなさんに質問します。みなさんはどれくらい真剣にサービスを打っていますか？ トッププレーヤーのサービスの確率を例に挙げると、男子で「約65％」、女子で「約70％」という数字がサービスゲームのキープ率の高い数字と言われ、この数字以下、男子で「約50％」、女子で「約60％」を切ると、そのセットは落とすと言われています。

ここで改めて亜細亜大学の学生の50％、全国レベルの高校生の40％、地

域レベルの高校生の30%、都道府県レベルの高校生の20%という確率を思い出すと、それがいかに問題であるかがわかると思います。

1ゲームの平均ポイント『6ポイント』のうち、ファーストサービスを何本入れないとサービスキープができないかは、もうわかりますね。6本中3本、ファーストサービスを入れても、それは50%にしかならないわけです。『6本中4本入れて初めて約67%』の確率になるわけです。しかも、ただ入れるだけではなく、狙ったところへ作戦的に入れながらの確率でなければなりません。

こうして考えていくとサービスがどれだけ大切であるかがよくわかってきます。そこに多くのエネルギーを注ぎ込まなければならない理由もよくわかるはずです。この話を学生や高校生にしたときから、彼らは一日中サービス練習に取り組むようになりました。

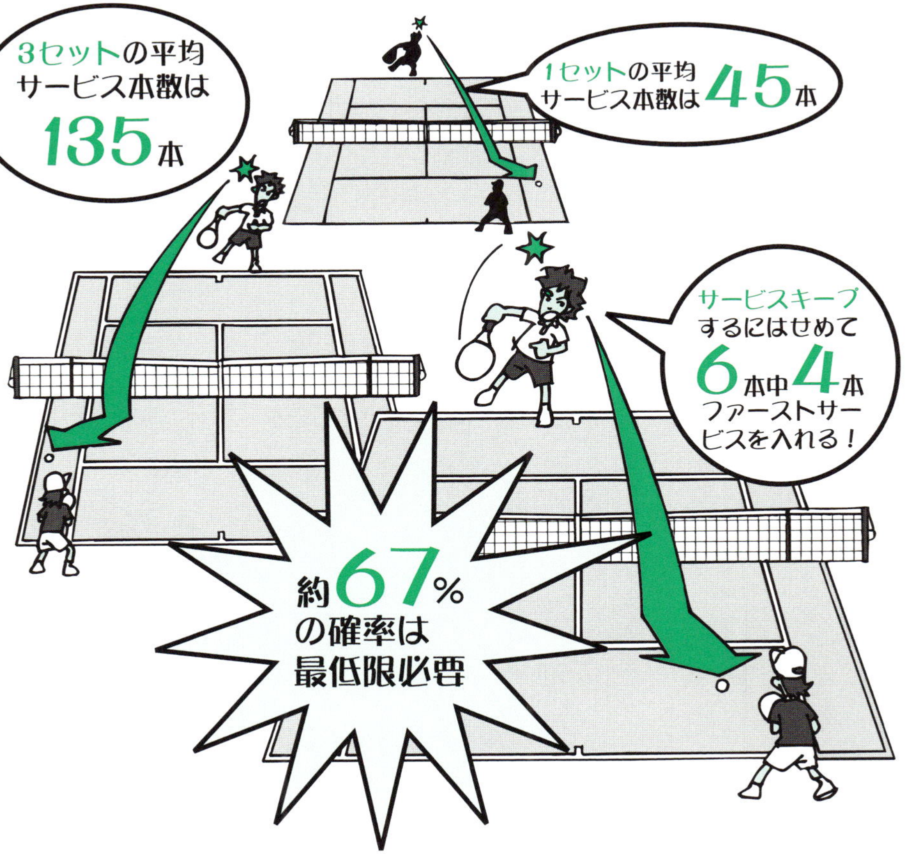
3セットの平均
サービス本数は
135本
1セットの平均
サービス本数は45本
サービスキープ
するにはせめて
6本中4本
ファーストサー
ビスを入れる！
約67%
の確率は
最低限必要

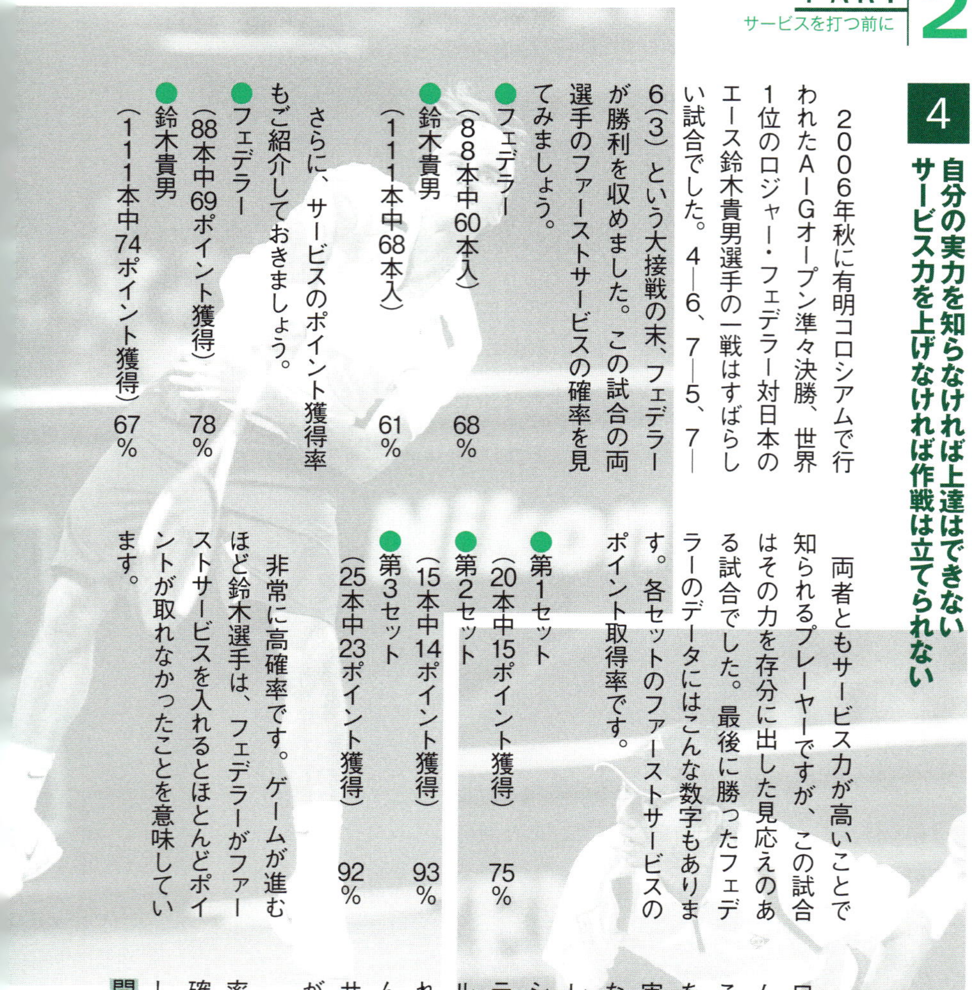

4 自分の実力を知らなければ上達はできない サービス力を上げなければ作戦は立てられない

2006年秋に有明コロシアムで行われたAIGオープン準々決勝、世界1位のロジャー・フェデラー対日本のエース鈴木貴男選手の一戦はすばらしい試合でした。4―6、7―5、7―6(3)という大接戦の末、フェデラーが勝利を収めました。この試合の両選手のファーストサービスの確率を見てみましょう。

● フェデラー
（88本中60本入） 68%

● 鈴木貴男
（111本中68本入） 61%

さらに、サービスのポイント獲得率もご紹介しておきましょう。

● フェデラー
（88本中69ポイント獲得） 78%

● 鈴木貴男
（111本中74ポイント獲得） 67%

両者ともサービス力が高いことで知られるプレーヤーですが、この試合はその力を存分に出した見応えのある試合でした。最後に勝ったフェデラーのデータにはこんな数字もあります。各セットのファーストサービスのポイント取得率です。

● 第1セット
（20本中15ポイント獲得） 75%

● 第2セット
（15本中14ポイント獲得） 93%

● 第3セット
（25本中23ポイント獲得） 92%

非常に高確率です。ゲームが進むほど鈴木選手は、フェデラーがファーストサービスを入れるとほとんどポイントが取れなかったことを意味しています。

これだけの確率でサービスをコントロールしているからこそ、彼らはゲームをコントロールできるのです。このことを知ると「自分のサービスの実力」をきちんと把握して、その実力を着実に上げる努力をしていかなければならないことがよくわかると思います。

レシーバーのいない、何のプレッシャーもかからない状況下（前述したテスト）で10本中2本しかコントロールできない実力では作戦など立てられるわけがありません。「どこに」「どんな」サービスを入れて……戦術的サービスなくして試合に勝てるわけがないのです。

まずは簡易テストでサービスの確率を測ってみましょう。そして、その確率を上げる練習を常に行うようにしましょう。**サービス練習は〝余り時間〟に行うものではありません。**

PART 3

必ずうまくなる効果的練習

達成型練習のすすめ

サービスは余った時間で練習するのではなく目標が達成できるまでやる！

『達成型練習』と『時間型練習』うまくなるのはどっち？

ゲームは修正の連続です。打ちたい場所に打ちたいボールをどうやったら飛ばせるか、そのための修正を続けながらゲームは進んでいきます。サービスというテクニックももちろん修正が必要であり、「修正する力」を身につけていかなければなりません。

ところが、PART2「サービスを打つ前に」の章でもお話ししたように、サービス練習は疎かにされがちです。一日の限られた練習時間の中で「余った時間でやる」というプレーヤーが非常に多いものです。しかし、すでに十分おわかりのことと思いますが、サービス力なくして作戦は立てられません。だから、「余った時間でやる」という考え方をしていては、本当のサービス力は身につかないのです。

今日からみなさんは「できるまでやる」という意識をもちましょう。サービスエリアにターゲットをつくり、それを狙う練習をします。両サイドのコーナーとセンター、さらに相手のボディにいくようにサービスコートの真ん中にもターゲットをつくり、ゲームを想定して、各サイド交互に2本ずつサービスを打ち、それらのターゲットをすべて崩すまで練習しましょう。「できるまでやる」という練習を『達成型練習』と呼びます。みなさんは、これからは『達成型練習』を心がけてください。

一方、同じようにターゲットを崩す練習をしても、練習時間は15分、時間内に崩せなくても、「時間がくれば終わり」という練習を『時間型練習』と呼びます。さて、達成型と時間型。どちらの練習が「できるようになる」と思いますか？　すぐに答えは出ますね。

できるまでやる達成型練習をしたほうが、時間で区切る時間型練習より、はるかに効果は上がります。練習環境にはさまざまな制約があるのは想像がつきますが、できる限り工夫して『達成型練習』をすることです。その意識のもと、行う練習のほうが必ずうまくなれます。

サービスが本当にうまくなりたい人へ 上達する人の「時間割（スケジュール）」を大公開

テニスのゲームは大きく3つの局面から成り立っている

テニスは効果を予想して、そのために意図したプレーをする（逆算する）

第1局面（序盤）
ポイントの最初の場面
▼
サービス／リターン

第2局面（中盤）
お互いを探り合う場面
▼
ストローク

第3局面（終盤）
最後の決めの場面
▼
アプローチ／ボレー
スマッシュ／ロブ
パスなど

目的を満たすために必要な技術を使う（これを戦術的技術と呼ぶ）

もっとも確率の高いプレーを選ぶ

最終的にどうやってポイントを取るか

あなたの3つの局面についての習熟度は？

例 おそらくこんな結果が出るだろう

第3局面	第2局面	第1局面
ウイニングプレー	フォアハンド バックハンド	サービス、 リターン
50％以下	70％以上	40％以下

そんなあなたは、どのような時間割で練習を行っているだろうか

この時間割が非常に多い

例 ある日の例

	"3時間"練習の時間配分 練習割合（100%の内）⇨ 内容
● 第1局面	時間があったら30分かそれ以下 **10%** ⇨ 軽くならす程度
● 第2局面	1時間以上2時間（ストローク中心） **70%** ⇨ 気合を入れている
● 第3局面	残り30分 **20%** ⇨ 応用練習

習得率の高い（または、すでに習得している）第2局面の練習が多くて、習得率の低い（まだ習得できていないと自覚している）第1局面と第3局面の練習が少ない……この練習スケジュールでサービスが上達するわけがありません。

Q どうすればいいの？

A もっと、もっと、サービスを練習しなければいけない！

もっとサービス練習に時間を割かなければいけません。ここまで読めば、その必要性は必ずわかるはずですが、別の角度からサービスの重要性についてもうひとつアドバイスしましょう。

A選手とB選手のあるポイントのプレー内容を（左表に）書き出してみました。この1ポイントは6プレーあったとすると……

例 1ポイント 6プレーの場合

A選手	VS.	B選手
サービス	第1プレー	
	第2プレー	リターン
ストローク	第3プレー	
	第4プレー	ストローク
ウイニングプレー	第5プレー	
	第6プレー	（ウイニングプレー）

A選手は第1局面の「サービス」を1回、第2局面の「ストローク」を1回、第3局面の「ウイニングプレー」を1回プレー。B選手も「リターン」に始まり同じです。この場合は、ふたり合わせて合計6プレーしていますが、それ以上のプレーがあったとすれば、第2局面の「ストローク」数が増えることになります。

サーフェスや状況にもよりますが、1ポイントのストローク数はおよそ6〜8プレーと考えられており、もちろん、それ以下で終わるときもあります。しかし、いずれにせよ、必ずプレーするのが第1局面の「サービス」です。これだけはどんなときも必ずプレーするものです。だからこそ、それを踏まえて練習しなければいけないのです。なぜなら、サービスからプレーは始まるのですから。

必ずうまくなる効果的メニューサービス練習のポイント

その前に 1

Q サービスエリアはどこですか？

サービスエリアは本来狭いが広くとらえているプレーヤーが多い

サービスエリアはイラストの斜線部分を指します。サービスボックスのおよそ2分の1か、ひょっとすると3分の1くらいです。ネット付近は原則としてサービスが入るエリアではありません。もちろん「テニスコート」で考えれば、ネット付近はドロップショットやドロップボレーなどを使って狙うことがあるところですが、サービスではありえないのです。

これを勘違いしているプレーヤーが多く、サービスボックス全体をイメージしてサービスを打っています。本来は入らない場所も、入ると錯覚を起こしていることに気づかないといけま

A ココです。

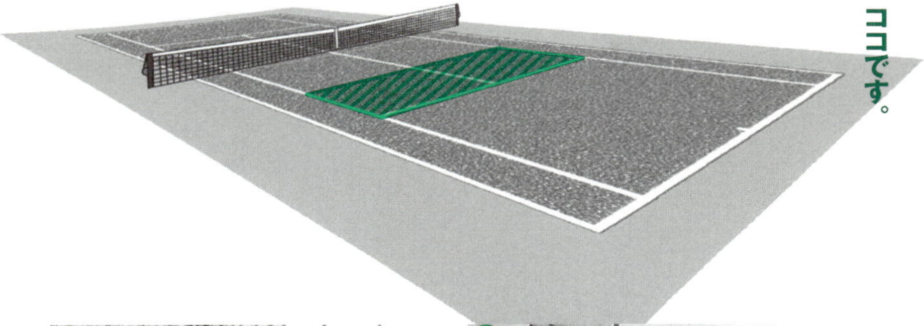

❶→❹ネットよりも上にサービスラインが見える位置まで180㎝のプレーヤーが移動。どれだけネットをはさんで死角が多いかわかる

せん。ネットから見えるサービスラインはいわば“幻”です。ゴルフにたとえるとネット付近は池で、その池を越えてグリーンに乗せなければいけません。さらにグリーンに乗せてからカップも狙わなければならないのです。だからサービスはもっと慎重に、真剣に取り組むべきものです。

それでは正しい理解のもと、サービス練習に取り組みましょう。

練習 1

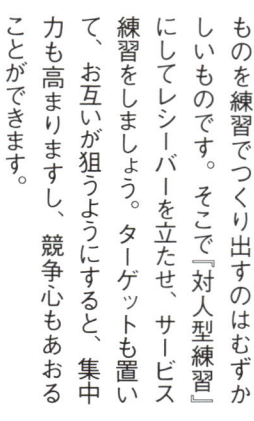

できるだけ実戦と同じ状況をつくるレシーバーを立てて

練習 2

対人でお互いにターゲットを狙い、競争心をあおる

試合で受けるプレッシャーと同じものを練習でつくり出すのはむずかしいものです。そこで『対人型練習』にしてレシーバーを立たせ、サービス練習をしましょう。ターゲットも置いて、お互いが狙うようにすると、集中力も高まりますし、競争心もあおることができます。

サービスの練習では多くの場合、複数のプレーヤーが横に並んで練習する時間となり、もっとも私語の多い時間でもあります。しかし、それはやめて、この練習に変えましょう。仲間がネットの向こうにいれば、もっと集中して練習できますし、もっと考えながら練習できます。

練習

3

サービスは基本的に深く打つ

サービスが深ければ、相手は踏み込んでリターンできませんが、サービスが浅ければ、相手は踏み込んで攻撃することができます。

深ければ
踏み込んで
リターンできない

浅ければ
踏み込んで
攻撃できる

練習

4

ターゲットは、最初は大きく、少しずつ小さくしていく

練習

5

ターゲットはできれば「ワイド」「ボディ」「センター」×両サイド=6つ置く

練習 6
ルーティンを保つ

練習中から常に試合を意識することです。テニスはポイント間に一定の時間があります。試合での次のポイントまでの「20秒間」は大切な時間であり、作戦を考える時間です。前のポイントの後悔・反省をする時間では決してありません。

試合ではそのプレッシャーから、ルーティンが崩れることがあり（ルーティンが早くなったり遅くなったり）、あるいは外部からの妨害を受けて（隣りからボールが入ってきたり、相手レシーバーにしきり直されたり）リズムを崩されることがあります。そうしたことに対しても「準備」をするつもりで、自分のルーティンをつくる練習を常にすることが大切です。

練習 7
実戦と同じように各サイド交互に2本ずつ打つ練習を必ず取り入れる

常に実戦（プレー展開）をイメージして1ポイント1ポイントを意識してプレーしましょう。

❶ 例えば試合と同じ状況を想定して、転がっているボールを取りにいき、ボールを２個揃えるところから始める

❷ サービスポジションへ移動しながら、次のポイントをどうやってプレーするか作戦を考え始める。前のポイントを振り返って後悔している暇はない

❸ 呼吸を整えながら、次のポイント展開をイメージする。どんなサービスをどこへに打ち、どんなリターンが返ってきて、どんなプレーをするのかという「３プレー」を目安に考えておく

❹ サービスポジションに入る。一度相手の様子を見る

❺ ボールを地面につくなどして呼吸を整え、モーションをスタートさせる準備をする

❻ 構える。そして、もう一度相手の様子を見て、サービス（プレー展開）を思い描いてからスタート

❼❽ サービスを打ったあとは、続くプレーをイメージして必ず構えること（リターンに対して構える）。

❾ ボールカゴをフェンスの近くに置くのではなく、ネット寄りに置いて練習すると、そこへ向かって動く癖がつけられ、体重を前に乗せる練習にもなる。より攻撃的なサービス練習ができる

練習

8 狙ったターゲットに対してミスをしたら、少しずつ修正して近づけていく

76〜79ページで解説している『9ボール修正法』がおすすめです。

練習

9 セカンドサービスをベースに練習する（大会直前は特に重要！）

一般的にサービス練習というと、ほとんどのプレーヤーがファーストサービス、あるいは自身の最速サービスを打つ練習をします。ところがそのサービスは、試合で半分くらい、あるいはそれ以下の確率でしか入らないサービスです。

本来、サービス練習の一番の目的は、サービスキープをすることにあります。サービスキープの鍵はセカンドサービスにあり、ファーストサービスと同じくらい重要なものです。だから、セカンドサービスをベースにして、そこに5％、10％の回転量、速度をコントロール（±）していく練習をしなければいけません。

ファーストサービスは、セカンドサービスを強くしたものです。セカンドサービスは、ファーストサービスを弱くしたものではありません。その意味がわかってくると、ただ単に強いサービスを打つだけのサービス練習をこれからもしようとは思わないはずです。

例 試合と同じ行動をとり、練習を試合に近づけていく

練習 10

いろいろな場所からサービスを打つ

一定ポジションから打つだけがサービス練習ではありません。さまざまな場所から打つことで回転、回転量、速度、深さ、角度の調整力を養うことができます。

練習 11

フェンスの外からサービスを打つ

フェンスの外からサービスを打って、サービスエリアを狙う練習です。高いフェンスを飛び越えて、打ちたい場所にボールを落とすには、放物線を描いたサービスが必要です。それを打つためには必然的に、右斜め上方向を向いて、上に向かって動作しなければできないので、自然にサービスの正しい「動作」と「ナチュラルスピン」が覚えられます。

練習

12 風の日は遅しくなるチャンスだ！

ものすごく風の強い地域で練習したときのことです。学生が何度もトスを上げ直すのを見て思いついたことがありました。向かい風や追い風、右風、左風と、さまざまな風に対して自分がトスを調整する力を身につけることも大切ですが、テニスはアウトコートでプレーする機会が多いスポーツですから、それを踏まえて、いろいろなトスをターゲットにもっていくという練習も必要だという発想が出てきました。もちろん、ある程度しっかりしたスイングを身につけているプレーヤーが前提の話です。

フォアハンド、バックハンド、ボレーなどは、むずかしい状況からでもそのボールをターゲットにもっていく練習を普段からしているのに、サービスだけはトスを上げ直せるというルールがあることから、自分でいいと思うトスしか打たない習慣があります。ところがそれしかしないため、微妙な調整力が養えていないということも言えます。

アウトコートでのプレーは太陽が眩しいこともあり、トスを微妙に調整しなければならないことが多々あります。そして風の日には、風を利用したプレーの方法もあります。風上のときはスピン量を減らして強めに打ったり、風下のときはスライス系の回転をかけて、風にぶつけて低いボールを打ち出したりとか、そうした風を利用したプレーや、風でトスが乱れてもそれをターゲットにもっていくプレーなどは、非常に貴重なトレーニングです。

これらは小手先で打つ練習をしようと言っているのではありません。風の日は、体の向き、体の使い方、ボールへのラケットの当て方などの調整力を養う貴重なトレーニングの場になるということが言いたいのです。そう考えて普段から練習しておくと、風の日が嫌だと思わなくなります。

あらゆるテクニックで応用できる9ボール修正法

CHECK 1

ボールコントロールに使える9ボール法とは

例えば80ページの『サービス練習表』を使って、10本中何本、ターゲットエリアにサービスが入ったか数えてみましょう。それを知った次は、次回打つ10本をどうすればさらにターゲットに近づけられるかを考えることが大切です。前回よりも次回よくなるように修正する練習をすること、それを繰り返すことが大切です。だから、打ちっぱなし練習は絶対にやめましょう。

本書ではすべて『ナチュラルスピンサービス』を基本サービスとして指導しています。そのことを踏まえておいてください。18、19ページの「インパクト」ももう一度チェックしておきましょう。『ナチュラルスピンサービス』はボールを斜めにとらえますが、これを前提に次の練習に入ります。

狙ったターゲットに対して打ったサービスがフォールトとなった場合、どれくらいずれたのかその地点をしっかり確認することです。そしてミスはどうして起きたのかを考えてみます。『9ボール修正法』というのは、打点を9個のボールに見立て、ミスを修正するときの目安とするやり方です（イメージをつくります）。9ボールのどれを打ったからミスが起きたのかをイメージできるようになると、次回ターゲットに近づけるためには、9ボールのどれを打てば近づくかがイメージ

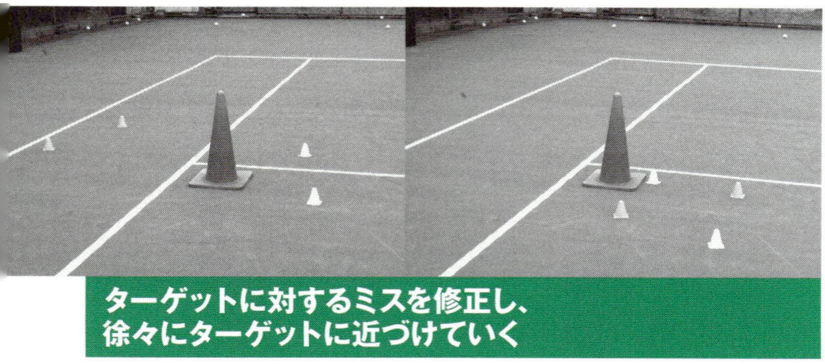

ターゲットに対するミスを修正し、徐々にターゲットに近づけていく

しやすくなります。狙ったターゲットに対して1m左へそれたのか、1m深かったのか、それとも50㎝手前だったのか……、そうした結果を修正するのに『9ボール修正法』の考え方は役立ちます。

打点を9個のボールに見立てて、
どれを打つと、どのあたりに行くというイメージをつくる

CHECK 2
サービス、スマッシュの9ボール修正法

サービスとスマッシュは同じ考え方になります。

サービスは右利きの場合、動作方向が「右斜め上」で、打球方向が「左斜め下」となり、ボールに対してラケット面が斜めに当たり、ナチュラルスピンがかかります。そのことから『9ボール修正法』の考え方は、次のようになります。

プレーヤーの頭上に描いた9ボールは反転します。「5」で打てば「5」に落下しますが、これを基本軸として「6」でとらえるとボールが体に近いため手首がリバースして（手首が体の近くから外側へ返るので）「6」へいきます。「4」でとらえるとボールが体から遠いため手首があまり返らず、擦れた当たりをして「4」にいくのです。前列「1／2／3」でとらえればボールは深くなり、後列「7／8／9」でとらえればボールは浅くなります。左列「3／6／9」でとらえればボールはターゲットよりも右へ飛び、右列「1／4／7」でとらえればボールはターゲットよりも左へ飛びます。こうした傾向から落下地点を見て、狙ったターゲットに対してどれだけずれているかをイメージして、トス、打点、スイング方向などを修正するヒントにしてください。実際にボール1個、2個分ずらして打ち方を変えるという発想のものではなく、ごくわずかなイメージや動作の修正に役立てるものとしてほしいと思います。

CHECK 3
フォアハンド&バックハンド、ボレーの9ボール修正法

動作方向と打球方向がともに「後ろ」から「前」となるフォアハンド、バックハンド、ボレーでは、『9ボール修正法』の考え方は前列「1／2／3」でとらえればボールは深く「1／2／3」へ、後列「7／8／9」でとらえればボールは浅く「7／8／9」へ、また右列「3／6／9」でとらえればボールは右「3／6／9」へ、また左列「1／4／7」でとらえればボールは左「1／4／7」へ飛びます。こうした傾向から落下地点を見て、狙ったターゲットに対してどれだけずれているかを知り、打点、スイング方向などを修正するヒントにしてください。

結果を次に生かす『9ボール修正法』

サービス、スマッシュ Before&After

前列「1／2／3」でとらえればボールは深くなる
後列「7／8／9」でとらえればボールは浅くなる
右列「3／6／9」でとらえればボールは右へ飛ぶ
左列「1／4／7」でとらえればボールは左へに飛ぶ

フォアハンド&バックハンド、ボレーの場合 Before&After

前列「1／2／3」でとらえればボールは深くなる
後列「7／8／9」でとらえればボールは浅くなる
右列「3／6／9」でとらえればボールは右へ飛ぶ
左列「1／4／7」でとらえればボールは左へ飛ぶ

サービス、スマッシュの場合

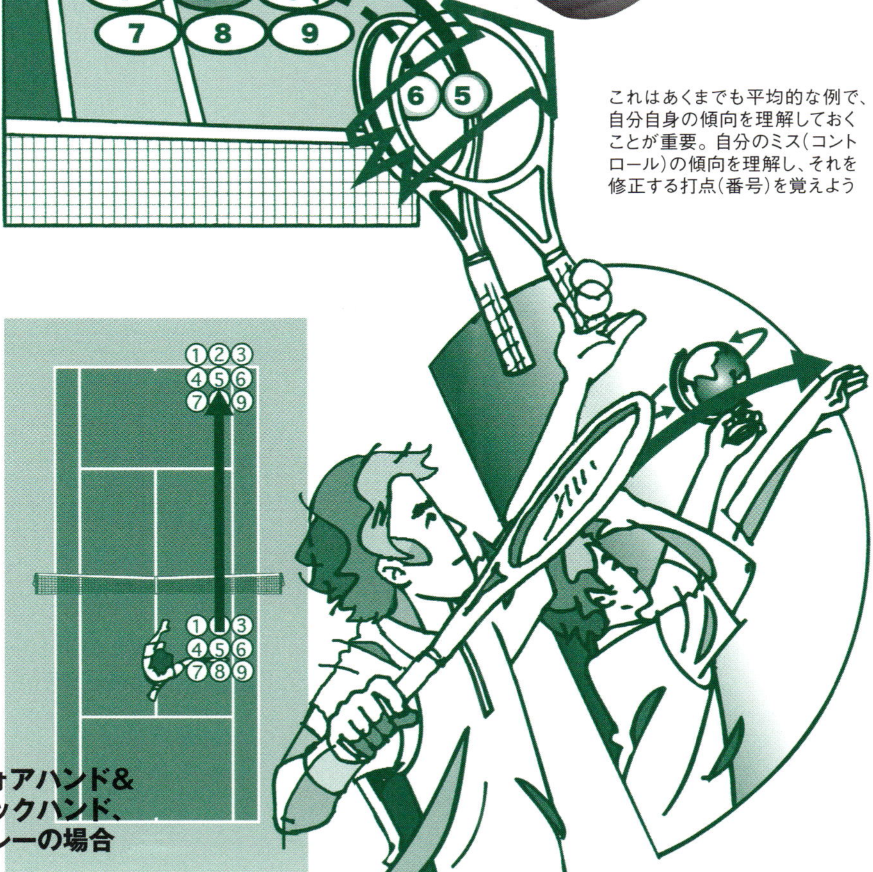

これはあくまでも平均的な例で、自分自身の傾向を理解しておくことが重要。自分のミス（コントロール）の傾向を理解し、それを修正する打点（番号）を覚えよう

自分の実力を知ろう！サービス練習表

目的

自分のサービスの確率、コース、得意・不得意なサービスを知り、サービスの質を上げる。ミス（またはズレ）に対する修正効果を上げる。サービス練習はサービスキープにつなげることが大きな目的であり、最速サービスを打つことが目的ではない。一方、的に当てることだけが目的ではなく、競ったとき、プレッシャーがかかったときに使える（効果がある）さまざまなサービスをものにしていくことが目的である。

練習 1

A、B、C、Dの各エリア（シングルスポール2本×1本のエリア）に、サービスを10本打ち、そのうち何本入ったかを記録する。A〜Dのトータルおよびアベレージ（Av.）も計算し、日々、この確率を上げられるように練習する

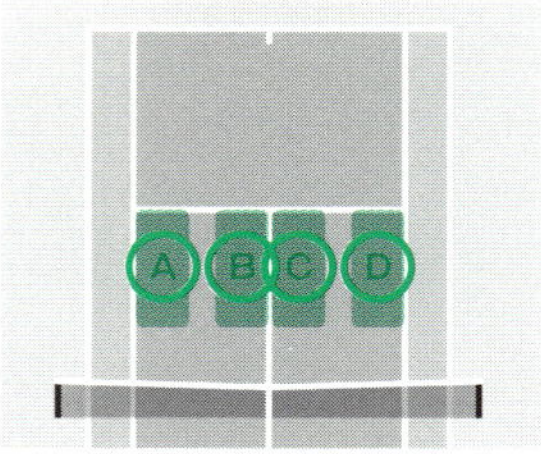

練習 2

練習1の次に、今度は各エリア（同）にターゲットを置き、そのターゲットに当たるまで練習する。そのとき何本打ったか、何分かかったかを記録する。A〜Dのトータルを計算し、日々、少ない時間で少ない本数で当てられるように（確率を上げられるように）練習する

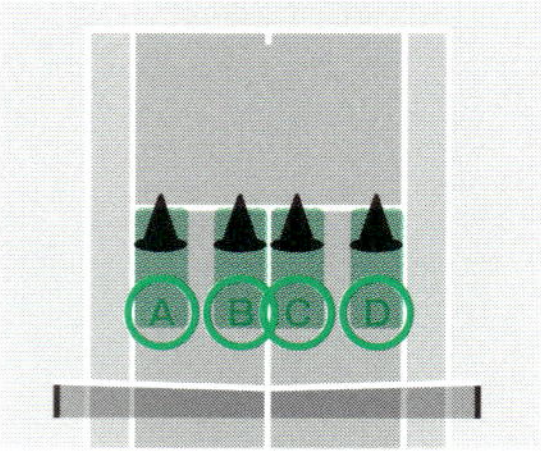

練習 3

練習1、2にバリエーションをつける。各エリア（同）に対して、狙う順番を決めてから練習1＋2を行う。例えば、A・Bいずれか→C・Dいずれか、A→C→B→D、D→C→B→Aなど。「狙う」と決めたターゲットをしっかりクリアすること

練習 4

練習1〜3に、さまざまな目的を設定してスピンのコントロール、例えば回転量、速度などのサービスバリエーションも設定して行うことも大切。相手のリターンの良し悪しがその後のポイントにつながることを意識して行うこと

練習 1 各エリアに10本中何本入ったか

月日	Ⓐ	Ⓑ	Ⓒ	Ⓓ	Total（本／本）	Av.（本／本=%）
例	4／10	5／10	6／10	5／10	20／40	50%
	／10	／10	／10	／10	／40	%

練習 2 各エリアのターゲットに当たるまで何本打って何分かかったか

月日	Ⓐ	Ⓑ	Ⓒ	Ⓓ	Total（本／分）
例	50／20	38／12	22／5	30／10	140／47
	／	／	／	／	／

注意

自分の実力を測って、その結果を見て全体の修正をする。または一球ずつの結果を見てそれを修正する。そしてそのサービスが相手に対してどんな効果があるのかを測るなど、この練習表をもとに実戦につなげていくことが大切だ。練習表を完璧にすることが目的ではなく、サービスを修正しながらレベルアップして、実戦の効果を高めることを目指したい

PART 4

これを知らなきゃ始まらない

サービスの基本を知る

このサービスは問題点がいっぱい！どこが悪いと思う？

前からチェック

横からチェック

後ろからチェック

これらは上達がむずかしい「入れるだけサービス」3大ダメポイントはココだ！

× グリップが厚い

写真はイースタングリップです。このような「厚いグリップ」で握ると、構えたときに体が正面を向いて、ラケットヘッドが打球方向を指します。さらに厚いセミウエスタンやウエスタングリップで握ると、ラケットヘッドは右方向を指します。このとき厚く握るほど、ラケットフェースも下向きになっていくのが特徴です。

なぜ厚いグリップがダメなのかは、読み進める中で理解できるでしょう。正しいサービスのグリップはコンチネンタルグリップ＝「薄いグリップ」です。薄いグリップで握ると、構えたときに体はほぼ横を向き、ラケットヘッドが左方向を指します。このときラケットフェースは自然な状態で上を向きます。

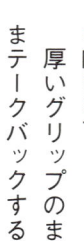

構えたときにラケットヘッドが打球方向、または右方向を指し、 ラケット面が垂直、または下を向く

厚いグリップのままテークバックすると、ラケットを打球方向に対して真後ろに引く動きとなるため、当然、トスを上げる手を真正面に振り上げることになります。見た目は両手でバンザイした形です。

このテークバックの問題点は、体のひねりがつくりにくいという点です。現在、バンザイ型のテークバックでサービスを打っているトッププレーヤーは皆無に等しく、ほとんどのプレーヤーは体をひねり上げる捻転型のテークバックをしてサービスを打っています。

バンザイ型のテークバック

✕ ラケット背中に担ぐ

テークバックのときに「ラケットを背中に担ぐ」という表現は、今もまだ多くのレッスンで使われているようです。しかし、この表現はサービス上達の妨げになると考えられ、使うべきではありません。

サービスのよいプレーヤーのテークバックを見ればよくわかりますが、誰もラケットを背中に担いでいません。テークバックのときに「ラケットは顔の前」にあるのが正しく、その後、フォワードスイングで体のひねりを戻すときに、ラケットヘッドが背中に（自然に）落ちます。ですから、担いでいるわけではないのです。担ぐという動作を行ってしまうと、ラケットが体に近くなり、背中をかくような距離にきて、耳元から出ます。この動作は、本来行われるべき体全体を使った運動を行わせない原因になります。

ラケットを背中に担ぐと、腕がたたまれ、手が耳に近くなる

✕ 手首を使う

サービスでもっとも重要なポイントは「手首を使うこと」だと思っているプレーヤーは案外多いものです。しかし、正しくは「手首は使うものではなく、自然に動くもの」です。正しいサービスフォームを身につけると、手首は最後の最後に、自然に動きます。ところが、手首を使いすぎるプレーヤー、あるいは手首を自分で動かしているプレーヤーは、結果的に手首を使いすぎてしまうため、「手首調子」のサービスになって、ダブルフォールトが多くなります。

手首が折れて、伸びている。手首を使いすぎている

厚いグリップは、ボールに対してラケット面が「下」からなでるように出るため（写真左端）、インパクトのときにアンダースピンがかかってしまいます。そのためスピードが上がらず、ネットの低いところしか通せないため、これ以上のことができず、上達も望めず、競技者には向いていません。このサービスは打球方向に対してまっすぐ動作するため（まっすぐラケットが出るため）、コースを狙いやすいサービスと言えますが、一方でラケット面が向いた方向にしか打てないため、相手にコースを読まれてしまいます。

厚いグリップは体が正面を向き、ラケット面がボールをなでるように出るため、回転がかからない

打球方向が上から下

サービスの基本形はフラットではなく『ナチュラルスピン』

目指せ！七変化サービス

「グリップが厚い」「ラケットを背中に担ぐ」「手首を使う」などは、サービスに問題があるプレーヤーに見られる特徴です。なぜそれが多く見られるのかを考えていくと、根底に指導方法の間違いがあるような気がしてなりません。「サービスの基本はフラットサービス」という考え方を、どこかで植え付けられたプレーヤーが、ボールに回転をかけないように工夫し、安定したサービスを求めてグリップを厚くし、ラケットを背中に担いで、手首を使うのではないかと思うのです。

実は、私がテニスを始めた学生の頃も、ラケットは背中に担ぐもの、基本は「フラットサービス」と言われていました。

当時はウッドラケットの時代ですから、オフセンターショットをすればボールは飛ばないし、ラケットにパワーもなかったので、無理をすると肩を壊すという心配がありました。そのため、バウンド後のボールが強く跳ね上がるという、効果の高い「スピンサービス」は、筋力を使い、ボールを下から上に強く擦り上げなければ打てなかったため、むずかしいものとされてきました。だから、スピンサービスよりも「スライスサービス」「フラットサービス」のほうがやさしいと順位づけられてきました。ところが今はラケットの性能も格段に上がり、オフセンターショットでもカバーしてくれるようになりました。ラケットそのものにパワーもあります。それが現在のサービスの平均スピードの向上に明らかに関係しています。サービススピードが上がれば、確率も上げなければなりません。そこに「スピン（回転）」の重要性が見えてきました。

サービスの基本形は『ナチュラルスピンサービス』です。かつてはむずかしいという言い方をされたものが、今はむずかしいものではなくなりました。女性でもジュニアでもビギナーでも、無理なく打てるショットです。自然な形でかかる「ナチュラルスピン」を基本形に、ボールの回転のかけ方（ボールへのラケット面の当て方、体の傾き）を変え、回転量を変えて、速度（遅い・速い）、深さ（浅い・深い）、角度（ワイド・

センター・ボディ）を多種多様に打ち分けます。サービスエリアに「入れる」よりも、より戦術的に「攻める」のが現代のサービスです。

　私はこれを『七変化サービス』と呼んでいます。現代のサービスは、「フラット」「スライス」「スピン」の3種類の回転にとどまらず、「ナチュラルスピン」を駆使して、何種類、十数種類ものサービスをつくり出せるものなのです。

　世界のレジェンド、ロジャー・フェデラーはいったい何種類のサービスを打ち分けられると思いますか？　おそらく十数種類です。毎回速度を変えて、最速ばかり狙いません。回転を少なめにして「フラット系」を打つこともあれば、回転を多くして「スピン系」、さらに速度を加えて「高速スピン」を打つこともあります。あるいは回転のかけ方を変えて、ワイドに切れる「スライス系」を打つこともあります。それらを知るとき、サービスがいかに奥深く、また重要で、やりがいのあるショットであるかがわかるでしょう。

本書では、この『ナチュラルスピンサービス』を指導していきます。

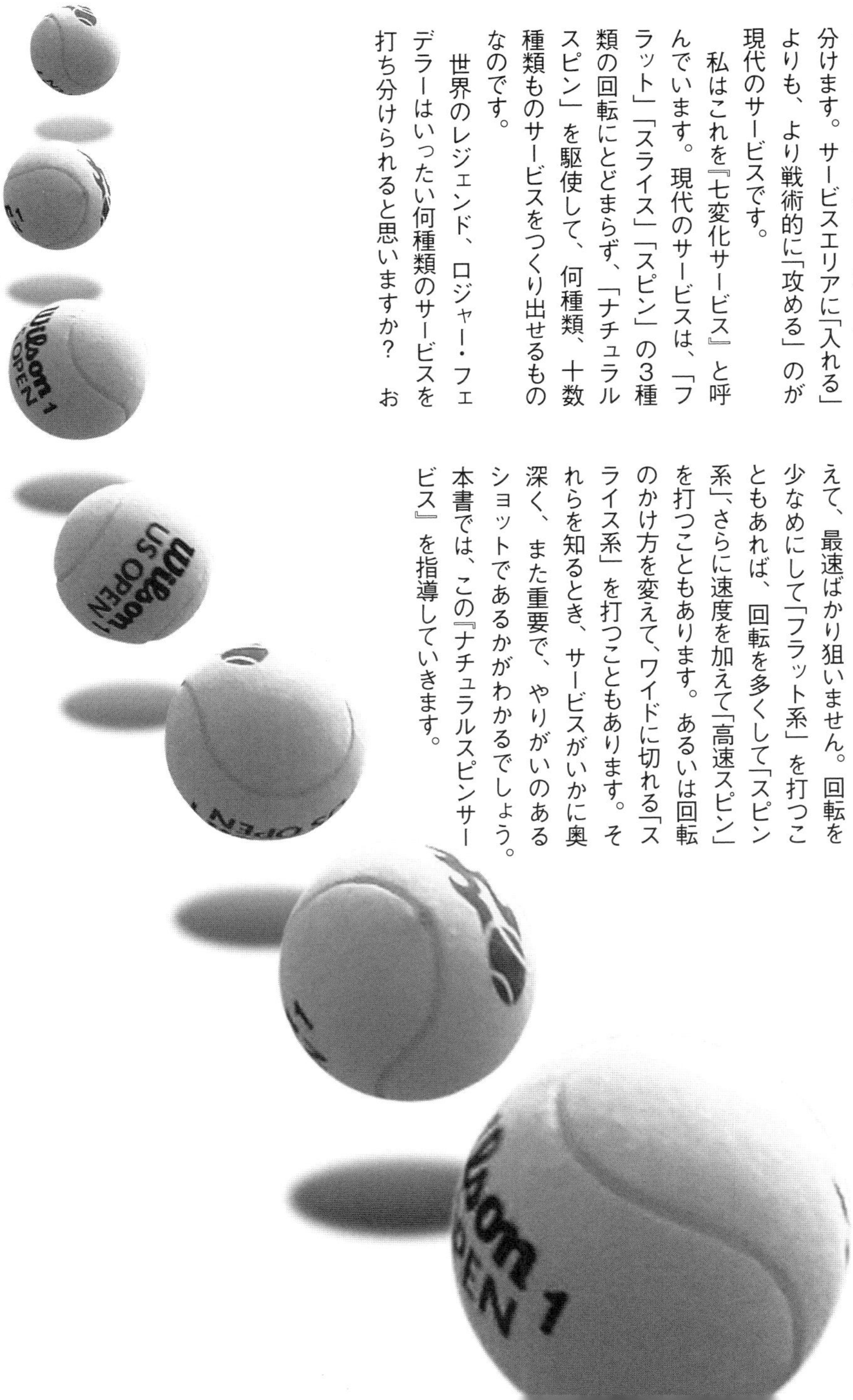

動画はコチラ

●手首と耳の距離は一定

●ラケットは、背中にも肩にも担がない

●下半身からのエネルギーが体幹に伝わるまで左手を静止

●手首の位置を変えずに体のひねりを戻す(切り返し動作)

●右斜め上方向へ前腕が回る途中にインパクトがある。空で地球儀を回すイメージ

●インパクトは右斜め上、そこから顔を動かさず、前腕を回し続ける

●動作は「右斜め上」、だからフォロースルーは右斜上となる。打球は「左斜め下」となる

●手首は使わない(手首は折れない点に注目)

これが何種類もの サービスをつくり出せる『ナチュラルスピンサービス』

- グリップはコンチネンタルグリップ。構えたときにラケットヘッドが左方向を指す。このときグリップが薄いほど、ラケット面は上を向く
- テークバックは体をひねることで始まる
- トスアップは、体のひねりと両肩・両腕を同期させて、右斜め前～横方向にゆっくり低く（高さはインパクトのやや上）
- テークバックは後ろに引くというより、体のひねりにラケットがついてくる形で、体の前を通って顔の前まで。これにともない、ラケットの重心はラケットヘッドにはなく手首寄りとなる
- 肘の角度は90度、手首の角度は構えのときと同じ

時代とともにサービスは変わってきた従来型サービスと現代型サービスの対比表

	現代型	従来型
サービスの基本は	ナチュラルスピンサービス	フラットサービス
打法	スピン	フラット スライス スピン
回転	フラット系 スライス系 スピン系	無回転 サイドスピン トップスピン
結果	回転のかけ方、回転量、速度を変えて組み合わせ、何種類ものサービスがつくれる	3種類の打法で3種類の回転をかける
解説	現代型サービスは、自然な回転がかかった『ナチュラルスピン』が基本という考え方で、打法は一つのみ。ただし、回転のかけ方(ボールへのラケット面の当て方、体の傾き)、回転量、速度を変えて「フラット系」「スライス系」「スピン系」サービスをつくり、何種類にも膨らませるという指導である。	従来型サービスは、回転のかかっていない「フラット」が基本という考え方で、「フラット」を覚えたあとで、「スライス」「スピン」を覚えるという３つの打法が指導された。「スピン」は、さらに強く回転をかけると「トップスピンサービス(またはキックサービス、ツイストサービス)」になるという４つ目の打法も指導された。

現代型は
ナチュラルスピン
回転量を変えて
フラット
スライス
スピン
・
・
・
十数種類
従来型は
フラットサービス
スライスサービス
スピンサービス
&
ツイストサービス

サービスはストロークの中でボールの回転が唯一、斜め回転

ボールに対してラケット面を斜めに当てる

『ナチュラルスピンサービス』がもたらす大きな効果について解説していきます。ボールの回転は「斜め回転」です。ボールに対してラケットを下から右斜め上方向に振り上げ、前腕が回転している途中でラケット面がボールに斜めに当たります。前腕を回し続けるとナチュラルスピンがかかります。斜め回転はすべてのストロークの中で唯一の回転といっても過言ではないでしょう（厳密に言えば、同じ体の使い方をするスマッシュも同じ。また、ドロップショットなどを打つときに使うサイドスピン＝横回転など、独特の回転をかけるテクニックもありますが、ここではベーシックな考え方として読み進めてください）。

フォアハンド、バックハンド、ボレーは、いずれもボールに対して後ろから前に入り、ボールの回転は「縦回転」（フラット＝ほとんど無回転、トップスピン＝順回転、アンダースピン＝逆回転）になります。つまりサービス（スマッシュ含む）は「斜め回転」、その他のストロークは「縦回転」という特徴です。

ところが、サービスの基本は「フラット」という考え方をもち、回転ができるだけかからないように打っている従来型サービスのプレーヤーは、ボールを真後ろからとらえて、後ろから前（あるいは上から下）にスイングするため、ボールには「縦回転」（トップスピンもあれば、アンダースピンもある）がかかります。

この「縦回転」がバウンド後、レシーバーにどのような効果を与えるかを考えましょう。「縦回転」のボールは、バウンド後、レシーバーに対してまっすぐにバウンドするため返球しやすくなります。しかもサーバーが「前」を向いて打つため予測しやすくもあるのです。

しかし、ナチュラルスピンサービスによる「斜め回転」のボールは、バウンド後、レシーバーに対して不規則にバウンドするため返球しにくくなります。しかもサーバーが「横」を向いて打つため予測しにくくもあります。つまりナチュラルスピンサービスの「斜め回転」は、レシーバーに対する効果が高いと言えます。

動画はコチラ

斜め

サービス(スマッシュも含む)

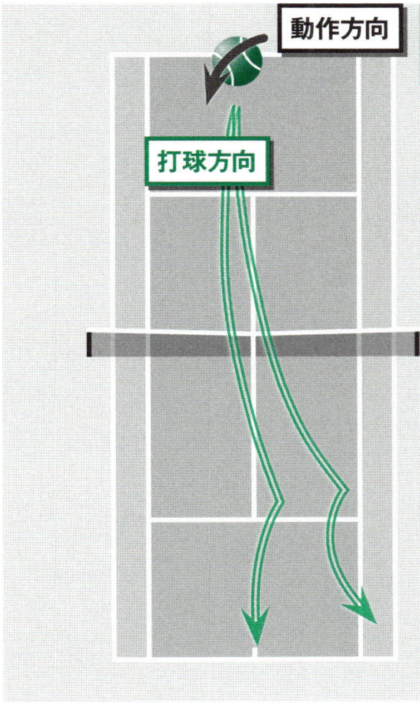

斜め

ボールの回転は
斜め回転

ポイント
**動作方向と
打球方向が違う**

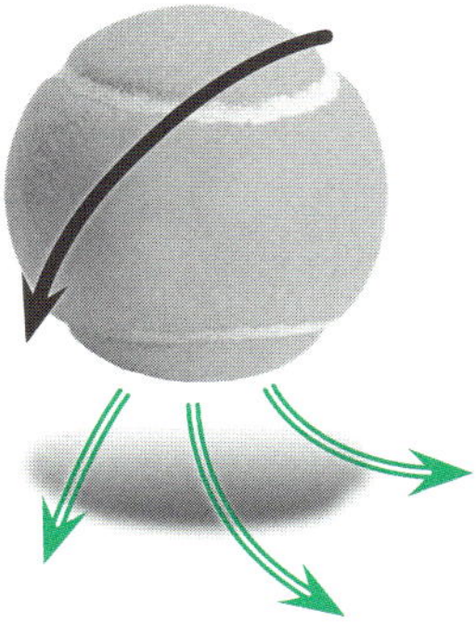

ラケットがボールを斜めにとらえるため、ボールに斜め回転がかかる

縦

フォアハンド&バックハンド／ボレー

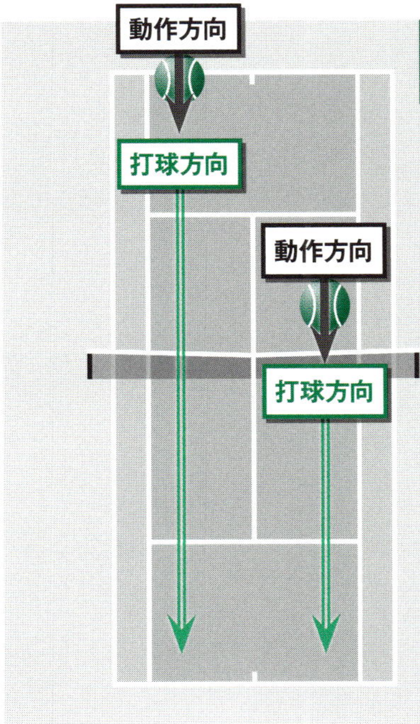

縦

ボールの回転は
縦回転

ポイント
**動作方向と
打球方向が同じ**

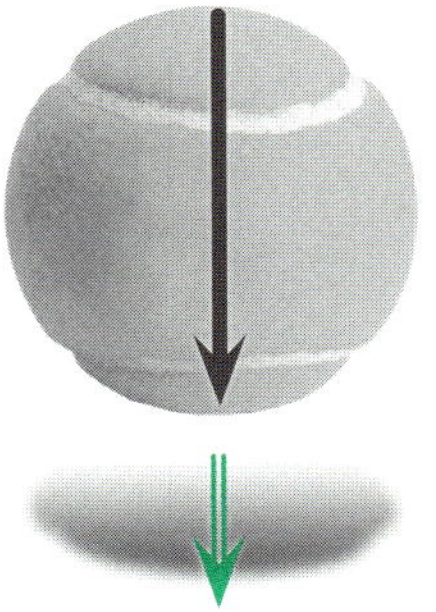

ラケットはボールの後ろをとらえて前に押し出すため、ボールに縦回転がかかる

フラットサービスを打つサーバーに注目

どんなサービスを打とうとしているか
予測しやすい

サーバーが「前」を向いて、しかもラケット面がボールの真後ろをとらえるので、球種は「縦回転」で、ラケット面が向いた方向に飛んでくることがだいたいわかる

ナチュラルスピンサービスを打つサーバーに注目

どんなサービスを打とうとしているか
予測しにくい

サーバーが「横」を向いて、しかもラケット面がボールを斜めにとらえるので、どこへどんな種類のサービスを打ってくるか予測しにくい

縦 厚いグリップで打つフラットサービス

ラケットがボールの後ろをとらえて前に押し出すので、ボールに縦回転がかかる。右の『ナチュラルスピンサービス』と比較するとよくわかるが、このボールはレシーバーに対してまっすぐにバウンドするため、レシーバーは返球しやすく、また、そのときサーバーは「前」を向いて打つので、レシーバーにとって予測しやすい打法と言える

斜め 薄いグリップで打つナチュラルスピンサービス

ラケットがボールを斜めにとらえ、ボールに斜め回転がかかると、このボールはバウンド後、レシーバーに対してまっすぐ、あるいは左右いずれかに曲がってバウンドするため返球しにくくなる。しかも、そのときのサーバーは「横」を向いてボールを打つため、レシーバーにとって予測しにくい打法と言える

後ろから前にボールを押し出すことで縦回転がかかり、そのボールは相手に対してまっすぐ飛ぶ。ボレーも同じ考え

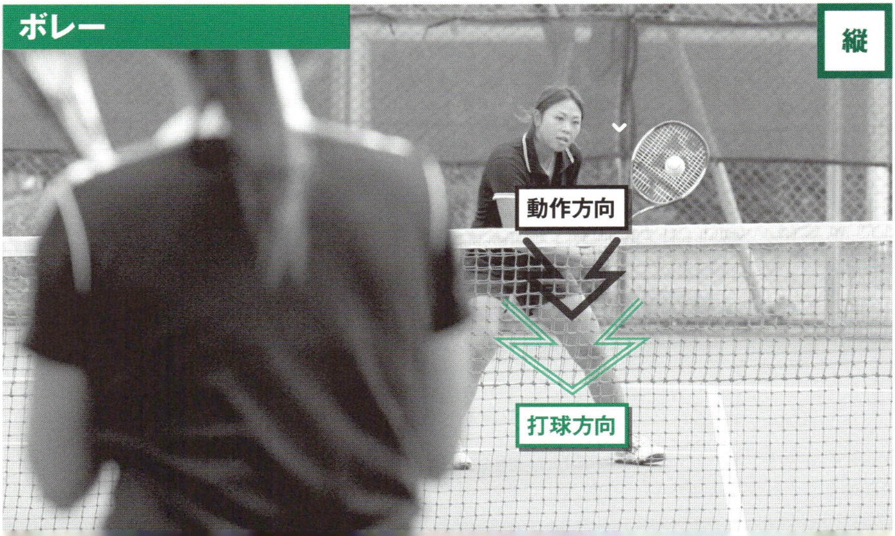

PART 4
サービスの基本を知る

斜め回転したサービスはバウンド後、イレギュラーする

サーバーが横向きで打ち不規則にバウンドする

『ナチュラルスピンサービス』がもたらす大きな効果はもうひとつあります。バウンド後、レシーバーに対してボールが変化することです。イレギュラー＝不規則にバウンドします。

『ナチュラルスピンサービス』は、回転のかけ方（ボールに対するラケット面の当て方、体の傾き）を変え、回転量（多い・少ない）を変えれば、さまざまな球種を生み出すことができます。回転量を少なくしてスピードを出していくことで「フラット系」が打てますし、より斜めにボールをとらえてサイドに切れていくようにすれば「スライス系」が打てますし、回転量をさらに多くしていけば「トップスピン系」が打てます。さらに回転量を加減すれば、バウンド後の高さ（低い・中間・高い）も変えられますし、速度（例：時速140／160／180㎞）も変えられます。トスの位置をわずかに（前後・左右に）ずらし（体の傾きを変え）、ボールへのラケット面の当て方を変えれば、飛ばす方向（まっすぐ／左へ曲げる／右へ曲げる）も変えられます。それらはレシーバーにしてみれば、毎回違う種類のボールを受けることになり、予測しにく

1 ネットの上方を通せるので「安全」である

ラケット面がボールを斜めにとらえるため、ナチュラルスピンがかかる。そのボール軌道は放物線を描くため、ネットの上方を通すことができ、「安全」である

2 サーバーの動作を見ても、レシーバーは予測しにくい

サーバーが「横」を向いて、ラケット面をボールに斜めに当てるので、どこへどんな種類のサービスを打ってくるか予測しにくい

3 レシーバーのポジションを左右に動かすことができる

（あるいは、その場にとどめることができる）
ボールを左右に曲げることも、ほぼまっすぐに打つこともでき、つまり、ボールをイレギュラーさせることができるので、レシーバーに予測をさせず、かつ大きく動かすことができる

く、打ちにくいボールとなるのです。

ところが、サーバーがフラットサービス（無回転）しか打てなければ、ボールはイレギュラーしません。レギュラーバウンドしかしないため、レシーバーはバウンド後のボールが直進してくることだけイメージしていればよく、反応さえできればイレギュラーバウンドのボールより明らかに返球しやすいと言えます。

またサーバーはコースを打ち分けること以外に選択肢がなく、フラットサービスは速いサービスで相手を威圧する以外、速度のコントロールにも限界があります（緩急がつけにくく、緩く打てばレシーバーの格好の餌食になってしまう）。そして何より、ネットの上を高く通すことのできるスピンサービスと違って、回転のないフラットサービスはネットの上ギリギリを通さなければならず安全性に欠けるのです。

相手のレシーブ力を落とす戦術的サービスを打て！

「どこにどう入れるか」の前に「どう打たせるか」を考える

サービスの習得、強化に取り組むとき大切なことは、サービス技術を向上させること、それ以上にレシーバーがそれをどのように受けるかということを考えることです。「相手のレシーブ力をいかに落とすか」、これを意識してサービスに取り組まなければ、本当の意味でサービスは武器になりません。自分がサービスを「どこにどう入れるか」の前に、レシーバーにそのサービスを「どう打たせるか」、それを考えてサービスに取り組むべきです。サーバーはレシーバーをコントロールできるのであり、サービスは戦術的に打つべきです。

4 レシーバーの打点の高さを変えることができる

ボールのバウンド後の高さを変えることができるので、一定の打点でとらせない

低く

中間

高く

レシーバーがもっとも嫌なことは、サービスが不規則（イレギュラー）に飛んでくることです。それがもっとも予測しづらく、リターンしにくく、ミスにつながりやすいからです。ですから、サーバーは常にレシーバーにどのようなリターンを打たせたら効果があるかを考え、情報を集めながらサービスを打ちましょう。そこに『ナチュラルスピンサービス』を基本形とする大きな理由がまた見えてきます。

5 レシーバーを撹乱することができる

ボールのスピードを変えることができるので、一定のリズムでとらせない。速いサービスばかりだと相手は慣れてしまうが、そこに遅いサービスを加えることで、相手を惑わすことができる

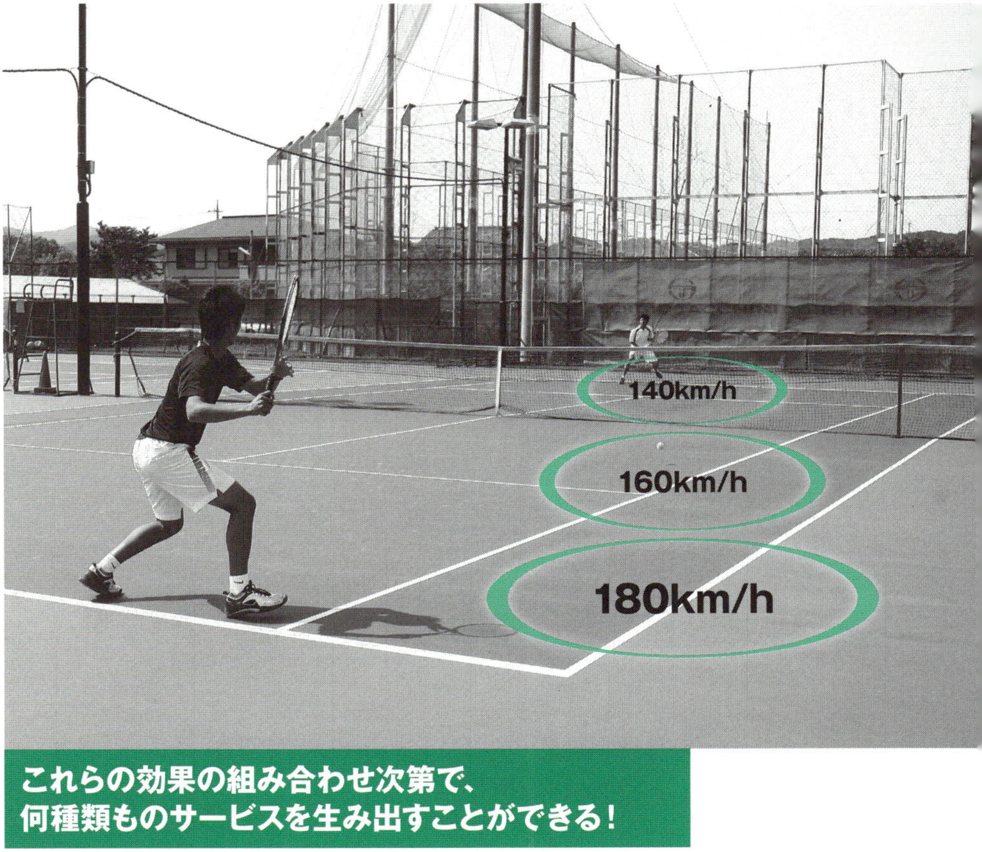

これらの効果の組み合わせ次第で、何種類ものサービスを生み出すことができる！

本気で上達したいなら コンチネンタルグリップ

コンチネンタルグリップの重要性

『ナチュラルスピンサービス』を覚えるには、グリップは、薄いグリップ＝コンチネンタルグリップでなければなりません。ところが、厚いグリップ（イースタングリップやセミウエスタングリップ）でサービスを覚えてしまうと、サービス力の限界はすぐにやってきてしまいます。

そのことは、104〜107ページの図をご覧になれば一目瞭然です。厚いグリップは運動連鎖でつまずき、最後に大きなパワーが得られません。手首を使った「手首調子」のラケット操作になりやすく、なんとかうまく打っているという状態になります。一方、薄いグリップで握ることに始まる正しい運動連鎖は、体の各部が順序よく動作していき、最後に大きなパワーが得られます。だからコンチネンタルグリップ（薄いグリップ）で握ることが基本です。これは絶対に外せないポイントです。

約40年以上の指導経験ではっきり言えることは、正しいグリップで握らなければサービスは武器にできないということです。長年イースタングリップ（厚いグリップ）で握ってきたプレーヤーをコンチネンタルグリップへ矯正するには、相当な時間と労力がいります。厄介なのは、イースタングリップであっても、ある程度のサービスは打てるということで、そのため、プレーヤーによっては、コンチネンタルグリップを強く拒み、代わりに別の方法でサービスを強化したこともありました。筋力をつけて、サービス術（戦術）を覚えてそれを補おうとしましたが、しかし結局は壁にぶつかりました。

それ以上の回転量が望めないグリップでは、極度のプレッシャーがかかったとき、体全体でボールを打つことができなくなります。そういうときほど手首で調節しようとする傾向があり、ボロが出てしまうのです。そして何より、自分より上のレベルのプレーヤーと対戦したとき、〝サービス術〟すなわち〝サービスの効果〟の限界を感じることになります。サービスが本当の武器でなければ、サービスキープができず、勝つ術がないことを

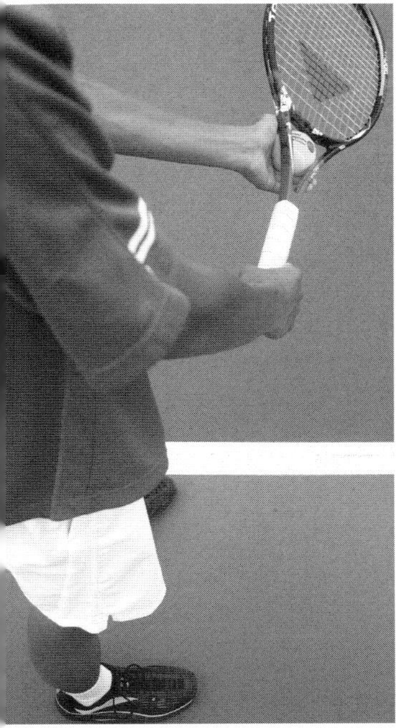
セミウエスタングリップ

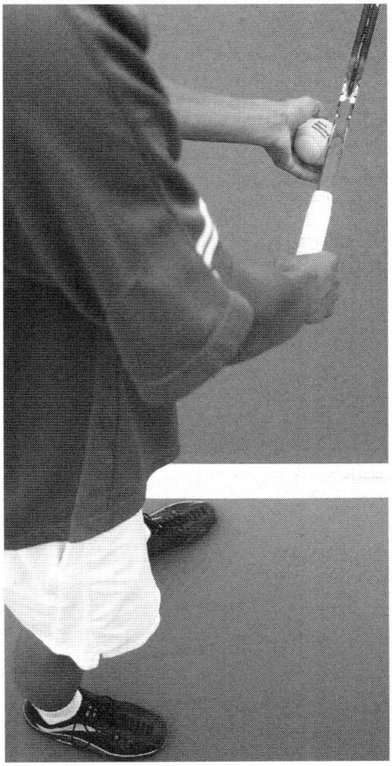
イースタングリップ

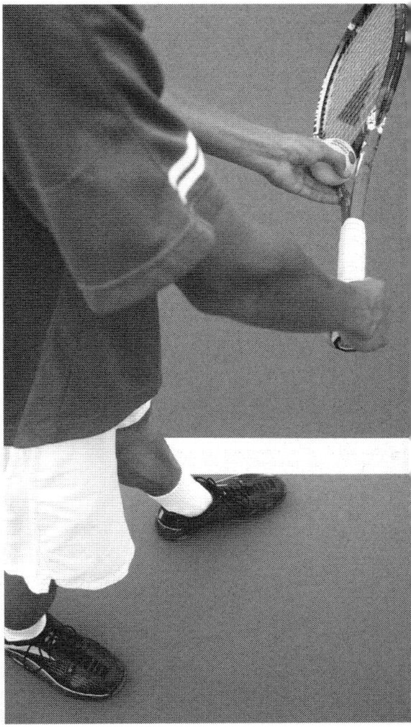
コンチネンタルグリップ

知ることになるのです。

ダブルフォールトが多かったり、サービスキープ率が悪かったり、問題がはっきりしているプレーヤーのほうがかえってサービス改良に取り組みやすいものです。なぜなら、自分を変えるしかよくなる方法がないとわかるからです。

テニスをやる以上、可能性へのチャレンジは続けましょう。自分で自分に限界をつくらず、たとえ3ヵ月かかろうと、1年、2年かかろうと、よりよいサービスを手に入れましょう。厚いグリップから薄いグリップへ握り変えると、おそらく新しいショットを打つような、経験したことのない「違和感」があるはずです。それを新鮮に感じて、そこに興味がもてたら、それはあなたが変わり始めた証拠になります。

コンチネンタルグリップのパワー曲線

5 ラケットがボールを打つ

パワーが強い

4 腕が回る（回外と回内）
（手首は自然に返る）

3 肘が出て腕を伸ばし
（伸展）ながら……

薄いグリップ

ラケットに力が伝わるまでの上半身の動きを順番に見ていこう

5

4

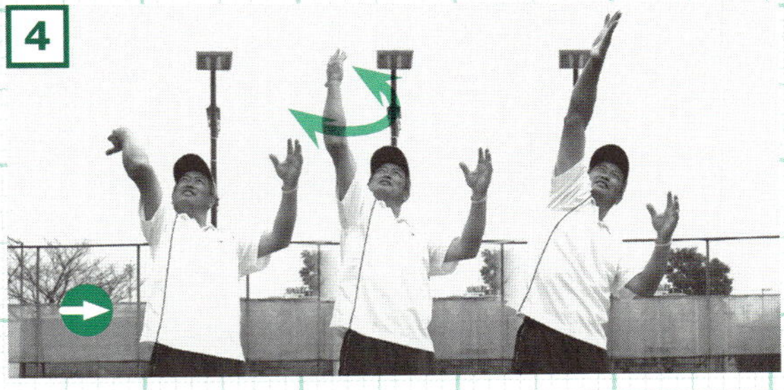

2

1

イースタングリップのパワー曲線

パワーが弱い

5 ラケットがボールを打つ

4 ✕ 手首を使う

運動連鎖がうまくいけばこの時点で腕が回り、手首が自然に返るものだが、運動がつまずくとここで「手首調子」の調整を行ってしまう。 いわゆる手打ちであり、結果としてパワーが得られない。 スピンがかけられない。 ダブルフォールトの原因になる

3 ✕ 肘が出て腕を伸ばしながら(伸展)、腕が回らない(回外と回内)

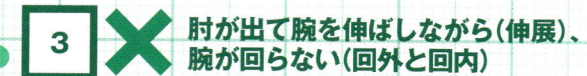

2 ✕ “肩が回る(外旋と内旋)”が抜ける

「肩が回る」が抜けるプレーヤーが非常に多い。男性に比べて野球などの投球経験の少ない女性に多いことは確かだが、男性でも肩をうまく回せずに腕力で打っているケースが多い。グリップが厚いと体の向きが正面を向きやすく、それが障害になって使えないケースもあるが、グリップが薄くても肩を回せていないケースもまた多い

厚いグリップ

ラケットに力が伝わるまでの上半身の動きを順番に見ていこう

5

3 4

1 2

1 体が回る

全員同時にスイング開始！
グリップの違いによるスイングの違い

構え1

やや厚いグリップ（イースタン）

- スクエアスタンス
- 手の位置が体に近い
- ラケットヘッドは打球方向を指す
- ラケットフェースは地面に垂直

厚いグリップ（ウエスタン）

- オープンスタンス
- 手の位置が体に近い
- ラケットヘッドは右方向を指す
- ラケットフェースは下を向く

動画はコチラ

薄いグリップ（コンチネンタル）

- クローズドスタンス
- 手の位置が体から離れる
- ラケットヘッドは手首を自然な状態にすると左方向を指す
- ラケットフェースは手首を自然な状態にすると上を向く

構え2

やや厚いグリップ（イースタン）

- デュースサイドはスクエア、アドサイドはクローズドスタンス
- 両サイドで構えが違う
- ラケットヘッドの向く方向が各サイドで違う（基本的に打ちたい方向を指す）

厚いグリップ（ウエスタン）

- 両サイドともオープンスタンス
- 両サイドとも同じ構え

薄いグリップ
(コンチネンタル)

- 両サイドともクローズドスタンス
- 常にアドサイドの構えがベース(デュースサイドも同じ)

トスアップ＆テークバック1

やや厚いグリップ（イースタン）

- 打球方向に対して後ろにテークバックするため、体幹はあまりひねらず、ラケットは円運動で下から上に持ち上げるように引く
- それにともない、 トスアップは体側に沿う

厚いグリップ（ウエスタン）

- 打球方向に対して後ろにテークバックするため、体幹はほとんどひねらず、ラケットは縦方向に下から上に持ち上げるように引く
- それにともない、トスアップは正面を向いた状態で真正面に上げる。
- ラケットを背中に担ぐ形となり手首が外側へ折れる

薄いグリップ（コンチネンタル）

- 体幹を横にひねり、両肩・両腕が同期する。ラケットは体（顔）の前を通過する
- それにともない、トスアップは右斜め前〜横方向
- 手首は余計に動かさず、インパクトの手首の形を維持してテークバック

テークバック2

やや厚いグリップ（イースタン）

- テークバックでラケットは耳の横。
- 上半身と下半身に捻転差があまりなく、運動が止まらず続く
- 肘と手首の角度が窮屈

厚いグリップ（ウエスタン）

- テークバックでラケットは背中に担ぐ
- 上半身と下半身に捻転差がほとんどなく、運動は止まらず続く
- 肘と手首の角度が窮屈に動く。特に手首が折れる
- ラケットが耳に近い

薄いグリップ（コンチネンタル）

- テークバックでラケットは顔の前
- 上半身と下半身に捻転差が生じ、一瞬の静止がある
- 肘と手首の角度が一定
- ラケットが耳から離れる
- ラケットは背中に担がない

テークバック3

やや厚いグリップ（イースタン）

・テークバックでラケットは耳の横、ないしは頭の後ろ（背中）に担ぐ
・上半身と下半身に捻転差があまりなく、運動が止まらず続く
・上下に円運動のスイングをするので肘が落ちやすい

厚いグリップ（ウエスタン）

・テークバックでラケットは背中に担ぐ
・上半身と下半身に捻転差がほとんどなく、運動は止まらず続く
・肘と手首の角度が窮屈で、特に手首が折れる

薄いグリップ（コンチネンタル）

- テークバックでラケットは顔の前
- ラケットは背中に担がない
- ラケットは耳から離れる
- 上半身と下半身に捻転差が生じ、一瞬の静止がある
- 体幹を横にひねるから肘が落ちない
- 肘は90度、手首は構えたときの角度で終始一定に保つ

フォワードスイング1

やや厚いグリップ（イースタン）

- 体が前に向き始め、それにともない左手を早く（速く）下ろす傾向がある
- グリップが厚いほどラケットフェースは上を向く
- グリップが厚いほど体は正面を向きやすい
- 手首が耳の近くを通過する

厚いグリップ（ウエスタン）

- 左手を下ろすのが早く、それにともない右肩が早く出てくる
- グリップが厚いほどラケットフェースは上を向く
- グリップが厚いほど体は正面を向く

薄いグリップ（コンチネンタル）

- 下半身からのエネルギーが体幹に伝わるまで左手を静止
- その後、 左手を引いて体幹が回転して右肩が前に出てくる。ラケットは肘、腕に引っ張られるように遅れて出てくる
- グリップが薄いほど体は横を向いたまま

フォワードスイング2

やや厚いグリップ（イースタン）

- 左手を下ろすのが早く、それにともない右手が早く出てくる（肩を回す動作が抜ける）
- ラケットは腕に引っ張られ、ボールに対してラケット面（手のひら）から出てくる
- グリップが厚いほど体は正面を向きやすい
- 動作方向と打球方向がほぼ同じ

厚いグリップ（ウエスタン）

- 左手を下ろすのが早く、それにともない右手が早く出てくる（肩を回す動作が抜ける）
- ラケットは手首に引っ張られ、ボールに対してラケット面（手のひら）から出てくる
- グリップが厚いほど体は正面を向く
- 動作方向と打球方向が同じ

薄いグリップ（コンチネンタル）

- テークバックからフォワードスイングへの〈切り返し〉のときは、左手（左肘）を引き、体幹が回転して右肩が前に出てくる
- テークバックしたあと、手の位置を変えずに体幹のひねりを戻すとラケットが加速し、ラケットは肘、腕に引っ張られるように遅れて出てくる
- ボールに対してラケットフレーム（小指）から出てくる
- グリップが薄いほど体の向きは横向き
- 動作方向と打球方向が違う

補足●このとき膝を曲げてエネルギーをタメ、ジャンプをしてエネルギーを爆発させる

インパクト

やや厚いグリップ（イースタン）

- 体はほぼ正面向きで、ボールの真後ろをとらえるので、ほとんど回転はかからない
- 顔はやや前を向く
- 手首が伸展している

厚いグリップ（ウエスタン）

- 体は正面向きで、ボールの真後ろをとらえるので、回転はかからないか、ボールの下をなでるようにとらえるのでアンダースピンがかかる
- 顔はほとんど前を向く
- 手首が伸展している

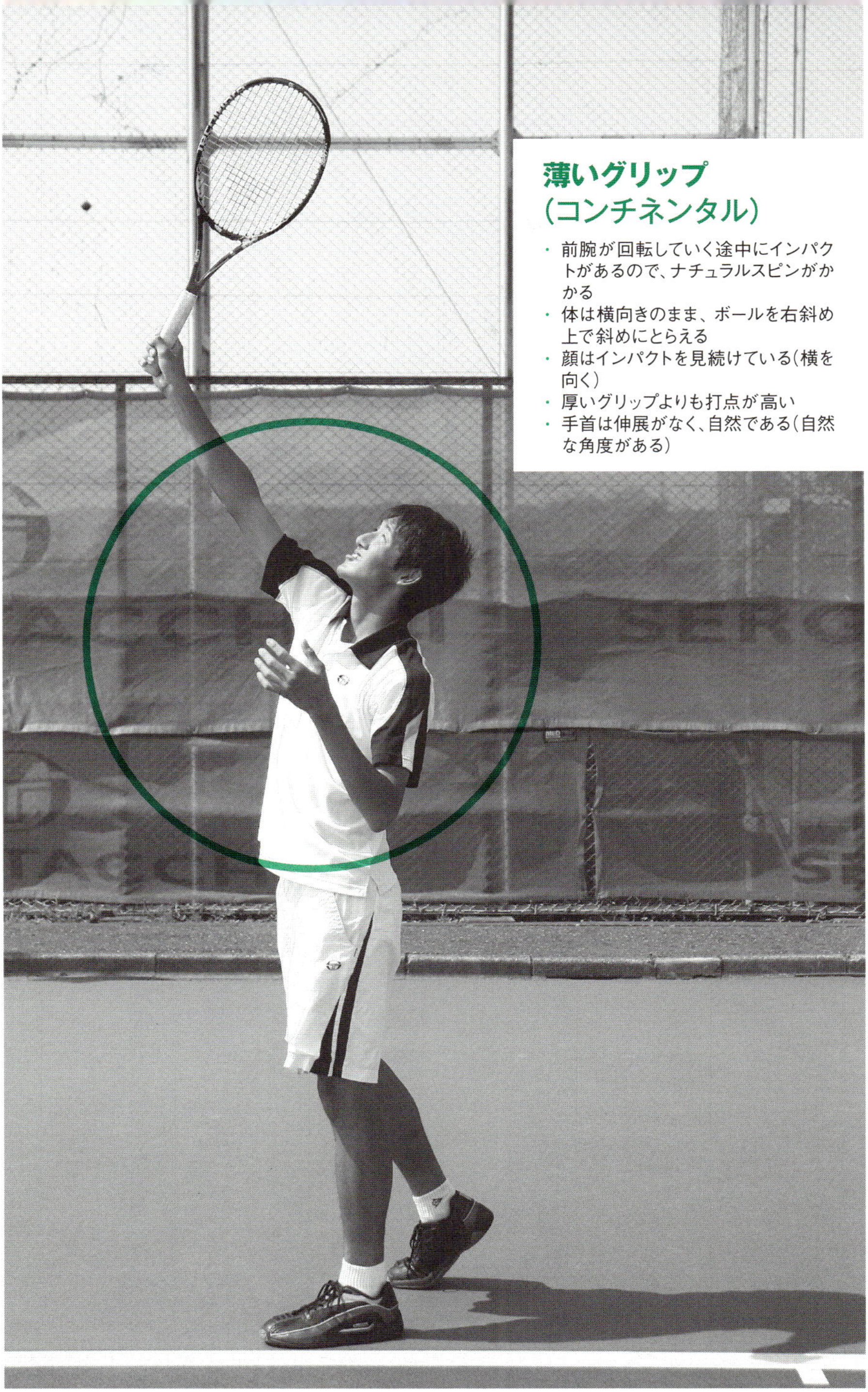

薄いグリップ（コンチネンタル）

- 前腕が回転していく途中にインパクトがあるので、ナチュラルスピンがかかる
- 体は横向きのまま、ボールを右斜め上で斜めにとらえる
- 顔はインパクトを見続けている（横を向く）
- 厚いグリップよりも打点が高い
- 手首は伸展がなく、自然である（自然な角度がある）

フォロースルー1

やや厚いグリップ（イースタン）

- 肘の位置が低め
- 手首を余計に使っている（伸展）
- 動作方向と打球方向がほぼ同じなので、顔は打球方向（正面）を向く

厚いグリップ（ウエスタン）

- 肘の位置が低い
- 手首を余計に使っている（伸展）
- 動作方向と打球方向がまったく同じなので、顔は打球方向（正面）を向く

薄いグリップ（コンチネンタル）

- 肘の位置が高い
- インパクトの手首をほとんど維持している（使っていない）
- 顔は動作方向（右斜め上）を向いたまま

補足 ●一連の動作として見ると、上半身が回転しながら肩が回り（外旋と内旋）→肘が出て（腕を伸ばしながら）（伸展）→腕が回り（回外と回内）→手首が（自然に）返る

フォロースルー2

やや厚いグリップ（イースタン）

- 肘の位置が低め
- 手首を余計に使っている
- 動作方向と打球方向がほぼ同じなので、顔は打球方向（正面）を向く

厚いグリップ（ウエスタン）

- 肘の位置が低い
- 手首を余計に使っている
- 動作方向と打球方向がまったく同じなので、顔は打球方向（正面）を向く
- 体を回し続けている

薄いグリップ（コンチネンタル）

・肘の位置が高い
・インパクトのときの手首をほとんど維持している（使っていない）
・顔は動作方向（右斜め上）をまだ向いたまま

（補足）一連の動作として見ると、上半身が回転しながら肩が回り（外旋と内旋）→肘が出て（腕を伸ばしながら）（伸展）→腕が回り（回外と回内）→手首が（自然に）返る

うちわを使った簡単グリップ&スイングチェック法

うちわを使えば自分のスイングが見える

自分のサービススイングが正しいかどうか、簡単に診断する方法があります。うちわをグリップにはさみ、スイングしてみましょう。コンチネンタルグリップで正しいサービススイングができるプレーヤーは、うちわがきれいに回転します。しかし、コンチネンタルグリップでも正しいスイングができていなかったり、厚いグリップだと、うちわが途中で体の一部にぶつかり、きれいに回転しません。このうちわをはさんだ練習は、スイングの診断をするだけでなく、できるようになるまで素振りすることで、効率の高い練習になります。

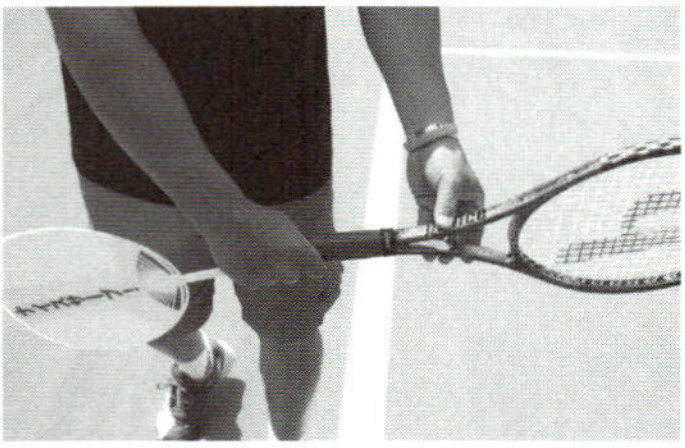

うちわをグリップにはさむと、自分の目でスイングの確認ができるのでとても便利

✕ うちわの面が見えない うちわが腕にぶつかる

厚いグリップでサービスを打っているプレーヤーは、切り返しのときにうちわの面を見ることができない。また、フォロースルーのときにうちわが腕にぶつかる。肩、腕の回転がうまく使えていない証拠であり、結果としてナチュラルスピンがかけられないスイングと言える

動画はコチラ

テークバックは顔の前。この一連の動作（腕が回転して手首が返るまで）は、頭を動かさず、インパクトに顔を残すことがポイント

コンチネンタルグリップでなければこの素振りはうまくできません。正しいスイングができているプレーヤーは、〈切り返し〉のときにうちわの表面を見ることができ、フォロースルーのときもうちわが腕に当たらずに回転して、うちわの裏面が見えます。

○ うちわの表面が見える

〈切り返し〉のときにうちわの表面の文字を横に読む

○ うちわが腕にぶつからない

フォロースルーではうちわの裏面の文字を縦に読む

手首の位置を変えずに〈切り返す〉

手の位置を変えずに、体幹のひねりを戻して〈切り返す〉と、肩が回り（外旋と内旋）→肘が出て（腕を伸ばしながら）（伸展）→腕が回り（回外と回内）→手首が（自然に）返る

頭は動かさずに、
文字をヨコに読む

Tennis
Magazine

インパクトは
右斜め上

ナイスサーブ!

フォロースルーでうちわの裏面の文字をタテに読む。 帽子のツバがインパクト方向をむいたままになるのがポイント

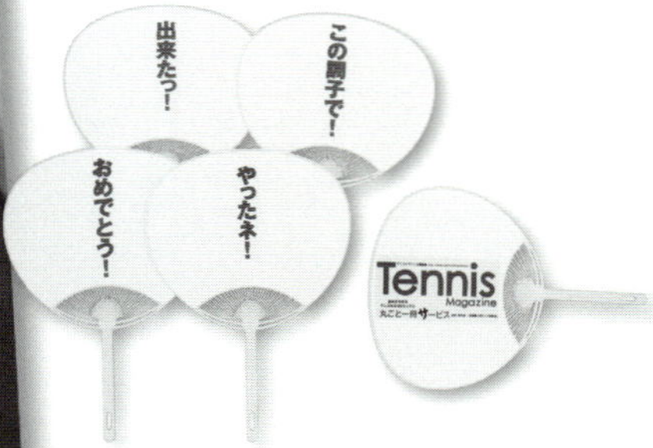
出来たっ!
この調子で!
おめでとう!
やったネ!
Tennis
Magazine

表面に横文字を、
裏面に縦文字を入れる

PART 5

ラケットを置いて始めよう

体の使い方を覚える

正しい投球ができれば、正しいサービスがマスターできる

ボディワークを無視して ラケットワークから始めると問題が起きる

それでは『ナチュラルスピンサービス』を身につけるためのレッスンを進めていきます。

ラケットを置いてください。そして正しい体の使い方から覚えていきます。サービスを打つための正しい運動ができていないのにラケットを持って、ラケットワークを覚えようとすると問題が起きます。指導者はこの点に注意しなければなりません。体を機能的に使うことを覚えていないプレーヤーにラケットを持たせ、狭いエリア（サービスエリア）を狙うことを要求したら、そのプレーヤーはおそらくエリア（サービスエリア）にボールを収めようと自分で工夫し始め、小手先でボールを調整してしまいます。これは「手首調子」のダメサービスのもとになってしまいます。

正しい運動から覚えるためにラケットは持たず、まずは、投球動作を覚えることから始めてください。「野球の投球」と「テニスのサービス」はほぼ同じです。ただし、違う点もあって、

❶ 野球は素手だが、テニスはラケットを持つ
❷ 両者握り方が違う
❸ 野球は正面を向いて前方へ投げるが、テニスは横を向いて上方へ打つ

といった3点が大きな違いです。

投球動作を通して正しい体の使い方を覚えると、あとでラケットを持っても決して小手先で打ったりしません。なぜなら、正しい運動がラケットを自然に動かしてくれるからです。体をしっかり使ったフォームなら何度でも繰り返すことができ、再現性の高いフォームになるでしょう。

投球練習の大切さとその効果の大きさを知った亜細亜大学の学生たちは、いつもラケットバッグにグローブと軟球を入れておくようになりました。キャッチボールをするためです。

6
7
8
9

14
15
16
17

22
23
24
25

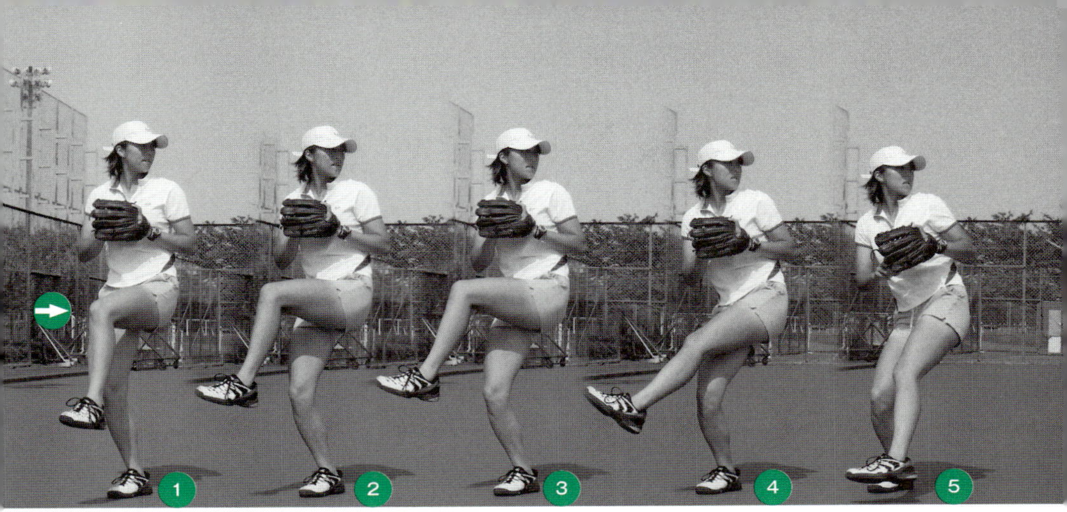
1
2
3
4
5

10
11
12
13

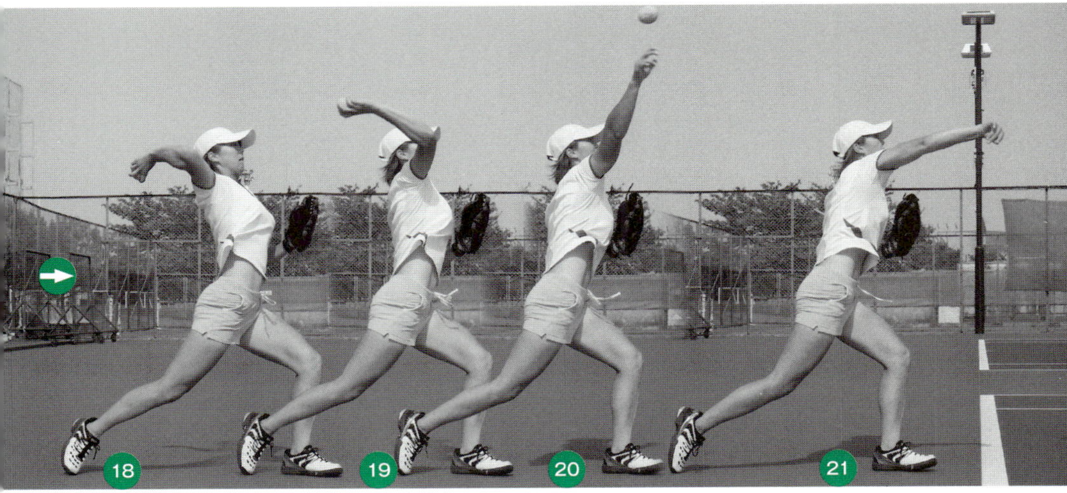
18
19
20
21

正しい投球ができれば、正しいサービスに転換できる

練習した投球動作を上方へ向かって行う

「テニスのサービス」は「野球の投球」とほぼ同じと言いました。そこで投球練習を行ったあとで、ラケットを持ち、サービスを打つときに気をつけなければならないことをご紹介します。次の3点です。

❶ 野球のボールはテニスで言うウエスタングリップで握るが、サービスはコンチネンタルグリップで握る（基本的に握り方、グリップが違う）

❷ 野球は正面を向いて前方へ投げる動作を行うのに対して、テニスは横を向いて上方へ打つ動作を行う

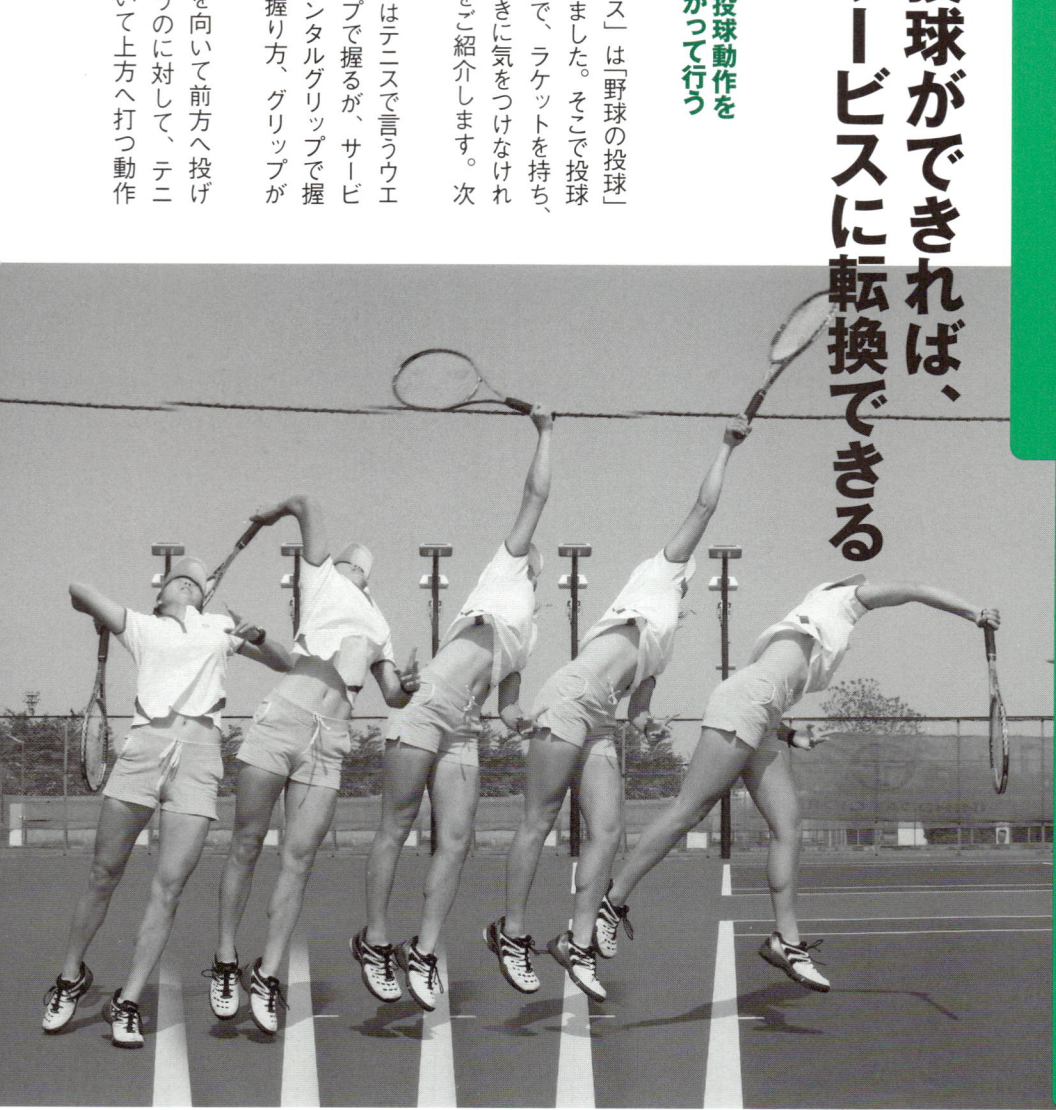

③ 野球は動作方向と打球方向が同じだが、テニスは動作方向と打球方向が違う

これらに気をつけなければなりません。

これから投球練習を行っていきますが、最後にラケットを持ってサービスを打つときは、正面を向いて前方へ投げるイメージでサービスを打たないことです。正しいグリップ（コンチネンタルグリップ）でまず握り、横を向いて上方へ動作することを忘れないようにしてください。

サービスの運動連鎖 重要な上半身の動きを見ていこう

STEP 1 体が回る

STEP 2 肩が回る（外旋と内旋）

サービスにおいてもっとも見落とされがちな動きが「肩の動き」です。男性に比べて野球などの投球経験が少ない女性に欠けている運動であることは確かですが、男性でも肩を回さずに腕力でごまかしているプレーヤーも少なくありません。そういうプレーヤーほど肩が回っていないことに気づいていないものです。

STEP 3 腕が回る（回外と回内）

STEP

4 体が回りながら、肩が回りながら、肘が出て、腕が伸びる（腕を伸ばしながら）（伸展）

STEP

5 腕が回り、手首が自然に返る

正しい運動をしていれば、手首は自然に返ります。ところがここで手首を使うプレーヤーがいて、「手首調子」の手打ちをしてしまい、正しいスピンをかけることができなくなってしまいます。

STEP

6 ラケットがボールを打つ

1→5まで順序よく動くと大きなエネルギーがラケットへ、そしてボールへ伝わります。これらを運動連鎖と言います。このように最初に正しい動きを覚えて、その後、ラケットを持ちます。正しいグリップ（コンチネンタルグリップ）で握ることを忘れなければ、ボールには正しく、大きな力が伝わるはずです。

上半身の動きを整えてから下半身を加える
正しい運動連鎖を覚えよう

STEP 1

ゼロからレッスン開始 下半身を固定する

まずは下半身の動きを抑え、上半身の動きを覚えます。写真のモデルのボールの握り方と姿勢をよく見てください。ボールは親指、人差し指、中指でつまむ感じで握ります。これがサービスのグリップであり、テークバックであり、共通姿勢です。手は顔の前で下向きに、肘を肩と同じ高さに維持して90度の角度に保ちます。これを覚えておいてレッスン開始です。

STEP 2

手首を使わずに前腕を回して投げる

ロケットフットボール

ミニフットボール

ボールは親指、人差し指、中指の3本で軽く握る

正しいサービス動作では手首は使いません(自然に返る)。どうしても使ってしまうというプレーヤーや手首が折れてしまうというプレーヤーは、写真のようなボウリングのプロテクターやゴルフのリスト固定バンドなどを手首にはめて、手首が使えない状態をつくって練習してみましょう。手首は使わなくてもボールは投げられる、ボールは手首で投げるものではないということがわかります。そうすると自ずと前腕を回して投げるようになります。

ミニフットボールやロケットフットボールのような楕円ボールは親指、人差し指、中指でつまむように握らないとうまく飛ばせないため、自然にコンチネンタルグリップのように握ることができます。一方、テニスや野球のボールのように真ん丸のボールは、わしづかみしやすく厚いグリップになりやすいので、これから行う練習の中でも、親指、人差し指、中指でつまむように握ることを忘れないでください。

ボウリングのプロテクター

手首は使わない

前腕を回してボールを投げる。
手首で投げるものではない

STEP 3
肩を回しながら腕を回す

それでは基本の投球動作を覚えていきましょう。両肩を水平に保ち、肘の角度は90度です。ボールは親指、人差し指、中指の3本で軽く握り、手のひらを内側に向けます。そして腕の回外と回内（外側から内側へ回す）によってボールを投げます。

STEP 4
チェックする

STEP3の内容をパートナーと行いましょう。パートナーに向かってボールを投げてキャッチボール。お互いにこの運動を練習して、正しくできているかどうか確認し合います。2人1組の練習はお互いが「鏡」であり、修正し合うことができます。

STEP

5

予備動作を入れる

運動には必ず予備動作があり、予備動作があって主要動作があります。

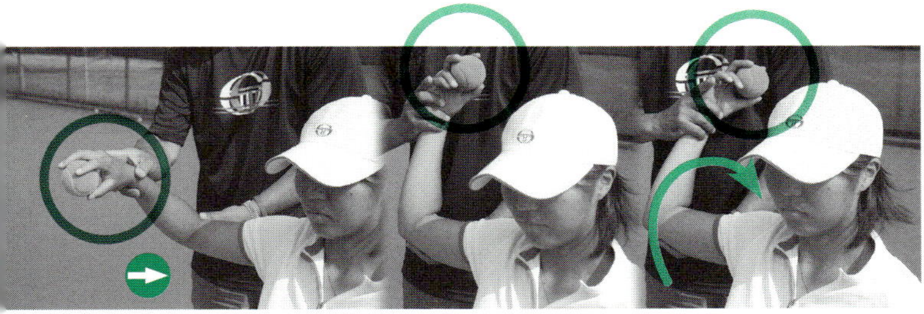

STEP3の肩を回す運動（外旋と内旋）の際も、実際には写真のような予備動作が入ります（内旋から始まる。手のひらは下向き。肘の角度は90度。これがのちのテークバックで、ここから肩を外旋する）。

STEP

6

体を回す（ひねって戻す）

体軸を中心に体をひねって、戻しながらSTEP3、5を行います。

STEP

7

チェックする

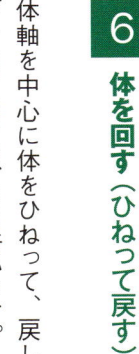

STEP6の内容をパートナーと行います。パートナーに向かってボールを投げてキャッチボール。お互いにこの運動を練習して、正しくできているかどうか確認しましょう。

STEP 8

立って、体を回しながらボールを投げる

今度は立って、ベンチに座っていたのと同じで正面を向いて下半身を固定します。そしてSTEP6と同じ動作を行います。体軸を中心に体をひねって、戻します。体が回り、肩が回り、肘が出て、腕を伸ばしながら腕が回ると、ボールを投げられます。手首は自然に返るので、自ら手首を使う必要はありません。

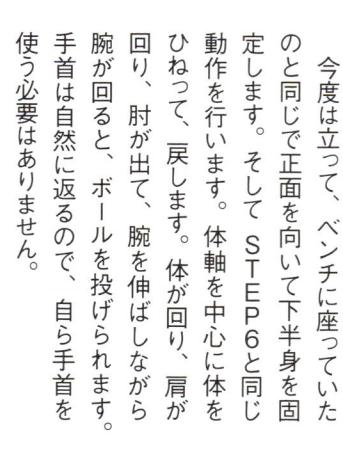

STEP 9

体を横向きにしてボールを投げる

いよいよサービスモーションに近づけて、体を横向きにしてボールを投げます。そしてSTEP8と同じ動作を行います。

STEP

10

パートナーが横からボールを投げ入れ、キャッチしたらすぐに投げる

STEP9の体勢で、今度はパートナーに横に立ってもらい、ボールを胸辺りに投げ入れてもらいます。これをキャッチしてすぐに投げる動作に入ると、体軸を中心に、体をひねって戻す回転運動が練習できます。

この練習は、横から投げ入れられたボールをキャッチしてすぐに投げるということから、肘が下がりません。肘が下がる時間的猶予を与えていないとも言えます。体のひねりがないと運動の予備動作で肘を下げてしまいます。肘を下げるとせっかくの運動連鎖が止まってしまうので、この練習はそれをさせない非常に有効な練習です。

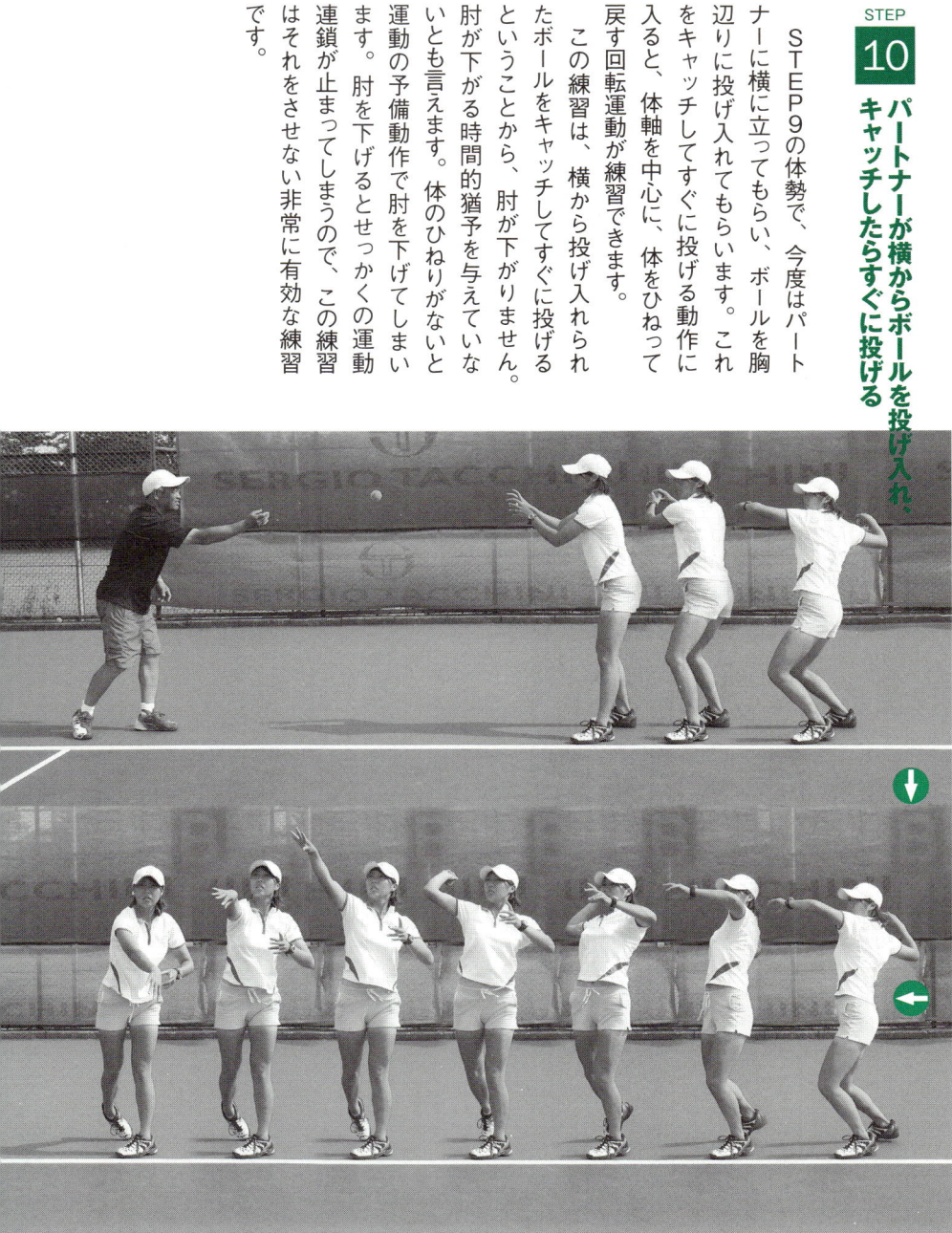

STEP 11

パートナーがボールを転がし、拾い上げてすぐに投げる

STEP 10と同じ効果が期待できる練習です。今度はパートナーにボールを低く転がしてもらいます。これを拾い上げてすぐに投げると、体軸を中心とした、体をひねって戻す回転運動の練習ができます。

写真は、よりサービス動作に近づけようと、パートナーが右斜め前に立っています。プレーヤーはベースライン付近に立ちます。そして転がったボールを、パートナーに対してスクエアスタンスで半身になって拾い上げ、すぐに右斜め前のパートナーに投げ返します。地面でボールを拾ってから投げようとすると、腕を引き上げる動作になるので肘が上がります。体をひねって戻すということが体感しやすく、また、肘が下がるという問題を抱えたプレーヤーにはおすすめの練習です。

パートナーに右斜め前に立ってもらい、ボールを拾い上げてすぐに投げる

さらにサービス動作に近づけるなら右斜め上に投げる

（注：審判台の上に立つのは非常に危険なので真似しないでください）

STEP 12

コンチネンタルグリップでラケットを短く持つ

次のステップに入ります。ラケットを短く持って、これまでやってきた上半身の動きを行っていきましょう。最初はゆっくりと確認しながら素振りをすることです。テークバックのときに体を横にひねると、ラケットは体の前を通って顔の前まで引き上げられ、肘の角度は90度、手首の角度は135度くらいになります。

この練習で特に外せないポイントがコンチネンタルグリップです。これまでボールを握ってきた親指、人差し指、中指の3本指を中心に、指を長く伸ばしてラケットを薄く握りましょう。このように握ると、手首に自然な角度ができ、この角度を保ってスイングできることが目標です。

また、体を横にひねると手首の角度は保たれ、ラケットの重心が手首寄りにあることがわかるはずです。ボールにエネルギーを伝えるまでこの重心は手首寄りのままです。

○ 体を横にひねることから始まり 大きなエネルギーをつくる

体を横にひねると手首の形は保たれ、ラケットの重心は手首寄りとなる。ボールにエネルギーを伝えるまで、この重心は手首寄りのまま、手首はほとんど使わない

× 厚いグリップで握ると 手首を使った打ち方になる

体が正面向きになり、手首を余計に使った「手首調子」のサービスになる

STEP 13

鏡のフレームを目安に、体の水平・垂直をチェックする

基本的に体は地面と水平に回転するものです。サービスももちろん体軸を中心に水平に回転する運動ですが、実際にはスピンを必要とするので体を傾けて打球します（写真）。それができているかどうかを鏡とフレームを使ってチェックします。鏡は常に水平であり、歪みませんし、縦横のフレームは水平・垂直を確かめる目安になります。

ポイントは、顔は右斜め上を向いて動かさずに、しかし鏡に少し視線をやりながら素振りをすることです。そうすると顔や頭が左右に振れたり、傾いたり、余計な動きをしないので、体の軸をまっすぐに保つことができ、体を回す基本運動が練習できます。特に、肩のラインが曲がっていないかどうかをチェックします。

サービスは体を傾けて打つ

鏡を使用

基本的に体は地面と水平。ただしサービスの場合、スピンを必要とするため体を傾けて打球する

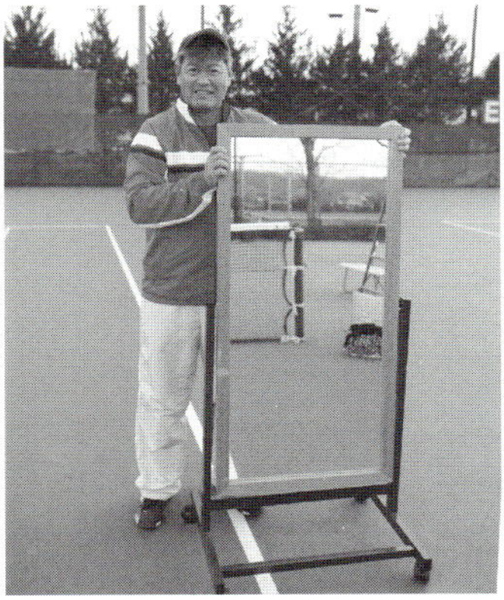

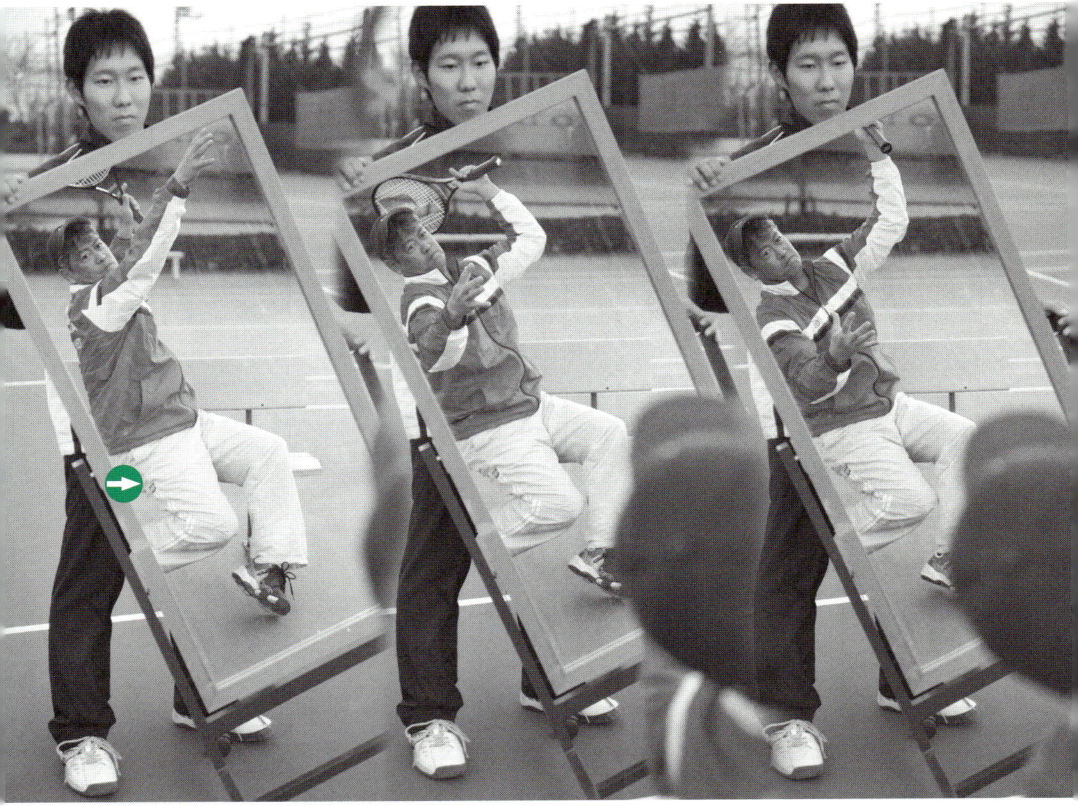

STEP 14

コンチネンタルグリップでラケットを長く持つ

横（もしくは左右）にひねるので肘が上がる
スイングシルエットが小さい
上半身と下半身に捻転差が生まれる

ラケットを短く持ったあとは、そのままグリップを下へ下ろして長く持ちましょう。そして短く持ったときと同じ動作を行います。サービススイングは体を横にひねる＝体幹を回すことに始まり、ここからサービスリズムができます。スイングは体で始めるものであり、ラケットで始めるものではありません。

このとき体を横にひねると同時に両肩・両腕を同期させると、トスアップは右斜め前〜横方向になります。

上下（もしくは前後）に
運動するので肘が下がる
上半身と下半身に
捻転差がない
スイングシルエットが
大きい

△

体をひねらない円運動（バンザイ型）のテークバック

体をひねらないテークバックは、ラケットの重心がラケットヘッドにあるため動作が続き、腕がたたまれ、肘が下がるのが特徴。運動が止まらないのでエネルギーは使いっぱなしとなる

野球は動作方向が「前」サービスは動作方向が「右斜め上」

下半身を固定した投球練習から、ラケットを短く持った練習、そしてラケットを長く持った練習と進んできました。ここでもう一度、投球動作からサービス動作へステップアップするときのポイントをおさらいしておきます。

基本動作は1〈体が回る〉→2〈肩が回る〉→3〈腕が回る〉、この3つの運動で、これらが正しくできると、あとの運動はオートマティックに続きます。

CHECK

野球とサービスの運動は同じ ただし、動作方向が違う

1〈体が回り〉→2〈肩が回り〈外旋と内旋〉〉→3〈肘が出て〈腕を伸ばしながら〉〈伸展〉〉→4〈腕が回り〈回外と回内〉〉→5〈手首が自然に返る〉のです。運動の始まりから、どれかひとつでも抜かすと、4〈腕〉や5〈手首〉を気にすることになり、これがダブルフォールトの原因になります。目指すはオートマティックな体の動き〈正しい運動連鎖〉です。

さて、投球動作をサービス動作へとステップアップさせるときに忘れてはならないポイントを覚えていますか？　投球動作は正面を向いて前方へ行いますが、これをサービス動作に置き換えるときは、横を向いて右斜め上方へ向かって行うことです。連続写真上の野球の投球フォームは、連続写真下のサービスフォームへと動作方向を変えることがとても大切です。

動画はコチラ

これが野球の投球フォーム　ボールを前方向へ投げる

動作方向が『前』

これがテニスのサービスフォーム　ボールを右斜め上方向へ投げる

野球のようにレシーバーに向いて打つと体が「前」を向いてしまう

CHECK

野球の動作方向にテニスをはめると体が正面向きになり回転がかからない

×
これは野球の動作方向
投球動作は相手のいる方向に向かって行うもの、だから体は正面を向く
前
×

投球動作をテニスに置き換えるときに、もっともおかしやすい間違いは動作方向にあります。野球は「前」にいるキャッチャー目掛けてボールを投げるので、体は正面向きになりますが、これをそのままテニスに取り入れて、「前」にいるレシーバー目掛けてボールを打つと、体は正面向きになり、ラケット面がボールの真後ろをとらえることになります。つまり、回転がかからない、厚い当たりのサービス動作になってしまいます。158、159ページも参考にしてください。

サービスは動作方向が「右斜め上」審判台方向を向いてボールを打つとサービスになる

CHECK

サービスの動作方向に投球をはめると体が横向きになり回転がかかる

これがサービスの動作方向

本来は相手のいる正面に向かって行うサービス動作を、審判台方向（右斜め上）に向かって行うのがサービス動作。だから体は右斜め上を向く（レシーバーから見れば横向きとなる）

サービスの動作方向は右斜め上です。コンチネンタルグリップで握ったサービスは、この方向に動作しなければボールに正しく力を伝えることができません。

右斜め上方向を向いてサービスを打つので、体は横向きになります。サービスもフォワードスイング、インパクト、フォロースルーもすべて右斜め上を向いたまま動作します。

ところが、途中で顔を前に向けてしまうと、運動連鎖の途中でつまずくことになり、力の伝達がうまくいきません。最後に手首で調節する「手首調子」のサービスは、これが原因であることが多いと言えます。

コンチネンタルグリップで「前」を向いて打つとボールが左下に擦れて飛んでしまう

CHECK

正しいグリップで握っても動作方向の間違いから元のグリップに戻ってしまうことも

コンチネンタルグリップで握ったのに、「前」を向いて（体を正面に向けて）打つと、運動連鎖がうまくいかなくなり、ボールに正しく力を伝えることができません。コンチネンタルグリップで前を向くと、左下にボールが擦れて飛んでしまいます（△）。動作方向（体の向き）の間違いに気づかずにこれを続けていると、当たりが不快なためコンチネンタルグリップをあきらめて、イースタングリップに戻してしまうプレーヤーがたくさんいます（×）。

イースタングリップは体を前に向けてボールの真後ろをとらえるサービスなので、動作方向と打球方向が一致します。しかし、このサービスは回転がかかりません。

コンチネンタルグリップのサービスが「打ちにくい」とあきらめる前に、体を横向きにして右斜め上方向にスイングしてみてください（写真○）。

○

コンチネンタルグリップのサービスは動作方向は「右斜め上」打球方向は「左斜め下」が正しい

右斜め上を向いたまま、腕を回すその途中にインパクトがある。動作方向は右斜め上で、打球方向は左斜め下へ。このときボールにはナチュラルスピンがかかり、放物線を描いて飛んでいく

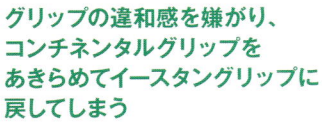

グリップの違和感を嫌がり、
コンチネンタルグリップを
あきらめてイースタングリップに
戻してしまう

サービストラブルは
ここから始まる
ことが多い！

せっかくコンチネンタルグリップで
握っても、「前」を向くと
ボールが擦れて左下に飛んでしまう

打球は左斜め下へ放物線を
描いて飛んでいく
動作は右斜め上へ

下半身から上半身への連動と〈切り返し〉動作を覚える

CHECK

〈切り返し〉とは

いよいよ全身運動へ移っていきます。上半身と下半身に捻転差が生じているとき、足元＝膝は90度くらいに曲がっているのが理想です。地面を踏みつけたことで生まれる大きなエネルギーを使うには、動作を下半身主導から上半身主導に切り替える運動連鎖も必要です。これをメディシンボールを使って覚えます。

写真では5kgのメディシンボールを使ってサービススイングを行っています。一般プレーヤーのみなさんには重すぎるのでバスケットボールくらいから始めましょう。ある程度、重さがあるボールを両手で持ってサービススイングを行うと、「体幹を回してスイングする」ことと、「テークバックからフォワードスイングへの〈切り返し〉動作」、そして「下半身から上半身への運動連鎖」の連携が理解しやすくなります。

この練習は下半身の使い方を覚えるための練習でもありますし、全身運動の強化トレーニングにもなりますし、正しく運動しないとボールの重さを強く感じるため、間違いに気づくこともできます。

○ 肘が一定の高さを保ち、〈切り返し〉のときに出てくる

× 上下運動は反動で肘が落ちて〈切り返し〉が手主導となる

体を横へにひねって始めるサービススイング

①ボールの重みを感じながら②③体幹を回してひねる。ボール(ラケット)は体(顔)の前を通る。④上半身を動かしてきたエネルギーをいったんゼロにするイメージでわずかに静止。⑤このとき膝を曲げ、下半身から生まれる大きなエネルギーを使うために下半身主導から上半身主導へ切り替える。⑥ボール位置は変えずに肘の高さを保ったまま、肩を回す(外旋と内旋)。⑦すると肘が出てくる。⑧肘が出て、このあとラケットを持っていれば、腕を伸ばしながら腕が回り(回外と回内)、インパクト(このあと上方へ動作していくことが非常に大切)

大きな部位＝体幹を使うメリット

大きな部位を使って打つサービスを身につけておくと、プレッシャーがかかっても体を動かす中でそれらを払いのけることができる

円運動のサービススイング

①ボールの重みを感じながら②手でリズムをとってスイングし始める。③ボールを上下に動かす。④円運動スイングは止まらない。⑤ボール(肘)を高く上げる。⑥⑦高く上げた分、反動で肘が下がる(ボールの位置が下がる)。⑧するとボールを上下させて切り返すため手動となり、下半身のパワーが上半身に伝わらず、上にスイングするのに腕力が必要になる。それで手打ちとなる

小さな部位しか使わないデメリット

手でボールを動かすなど、小さな部位を使って打つサービスを身につけてしまうと、プレッシャーがかかったときにチョークしやすく、もろにプレーに影響が出てしまう

インパクトでは顔を残して空中で地球儀を回す

CHECK

体と地球儀はともに水平 体を傾けた分、地球儀も傾く

動作も終盤。そこで、ボールを打つ際に外せないポイントを解説しましょう。

横を向いてボールを打つということをイメージしやすい練習が、実際に空中で地球儀に手を当てて回す練習です。この動きこそ、まさしくナチュラルスピンサービスの動きになります。

左手で地球儀を持ち、右斜め前から横方向にトスアップしたつもりで持ち上げます。体と地球儀は常に同じように水平でなければならず、右斜め上方向にボディを傾けたら、その分、地球儀も傾けます。

そして、地球儀に向かって肘から(腕

腕を回し続けると地球儀が回り、手首は自然な形で返る

地球儀がもしボールだったら、打球はやや上方に膨らんで放物線を描いて下方へ飛ぶ

腕が回る途中にインパクトがある。地球儀に対して斜めに手を当て、腕を回し続けると地球儀が回る。つまりスピンがかかる。動作している間、地球儀から顔を離さないことがポイント

動画はコチラ

を伸ばしながら）（伸展）→腕を回して（回外と回内）→手首を返します。腕を回し続けると手首は自然に返るので余計に動かさないことです。地球儀（ボール）が回ったら、それはナチュラルスピンがかかったことを意味します。

× フラット（回転がかかっていない）サービスは、前を向いて地球儀の真後ろをとらえる

地球儀を前向きに見て、真後ろに手を当てると地球儀は回せない。つまりスピンがかからない

体は横向きのまま、右斜め上方向にスイング

肘が出て、腕が伸びて、腕が回る途中にインパクト。地球儀に斜めに手を当てる

○ ナチュラルスピンサービスは横向きで、右斜め上に向かって地球儀をとらえる

実際にビーチボール地球儀を打てばナチュラルスピンが目で確認できる

CHECK 1

腕が回らないとボールにフラットに当たりスピンがかからない

腕が回らないと上から下へのスイングになり、ボールの下部分をなめるように打つことからホップします（×）。ビーチボールがほとんど回っていないことがわかります。

CHECK 2

腕が回るとボールに斜めに当たり、腕を回し続けるとスピンがかかる

腕が回転する途中にインパクトがあります。インパクト後も腕は回転し続けて、ボールにナチュラルスピンがかかります。ビーチボールが回りながら放物線を描いて飛んでいくのがわかります。

CHECK 3

体の傾きをわずかに変えてボールへのラケット面の当て方を変え、複数の球種をつくり出す

基本的に打法はひとつです。ただし、体の傾きをわずかに変えるだけでボールへのラケット面の当たり方が変わり、球種をつくり出せます。

✕ 腕が回らないとボールにフラットに当たりスピンがかからない

スライス系

スライス・スピン系
フラット系

スピン系

さまざまな球種が打てるナチュラルスピンサービスのベース

○ 腕が回る途中でボールに斜めに当たり、
腕を回し続けるとナチュラルスピンがかかる

フラットサービスとナチュラルスピンサービスの軌道の違い

CHECK

放物線を描き、ネットの上を安全かつ攻撃的に打てるのがナチュラルスピンサービス

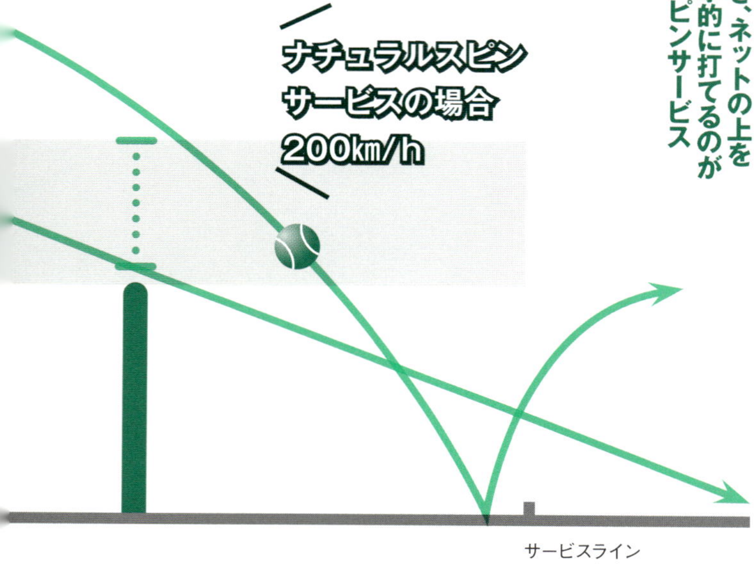

例えば仮に時速200㎞のサービスを想定しましょう。ボールの真後ろをとらえる、回転のかかっていない今までのフラットサービスの場合、（基本的にナチュラルスピンサービスとは打法が違うため）時速200㎞のサービスを打つにはネットの上、ギリギリを通さなければ、まずサービスエリアには入りません。そのため安全性に欠け、確率が低いサービスです。

しかし、ナチュラルスピンサービスの場合には、回転量をコントロールできる打法のため、回転量を少なくして速度を上げることもでき（もちろん、回転量を多くして速度を下げることもできる）、つまり時速200㎞のサービスを打つことができます。しかも、スピンがかかっているのでボール軌道

仮に時速200㎞のサービスを想定する

サービス軌道のイメージ

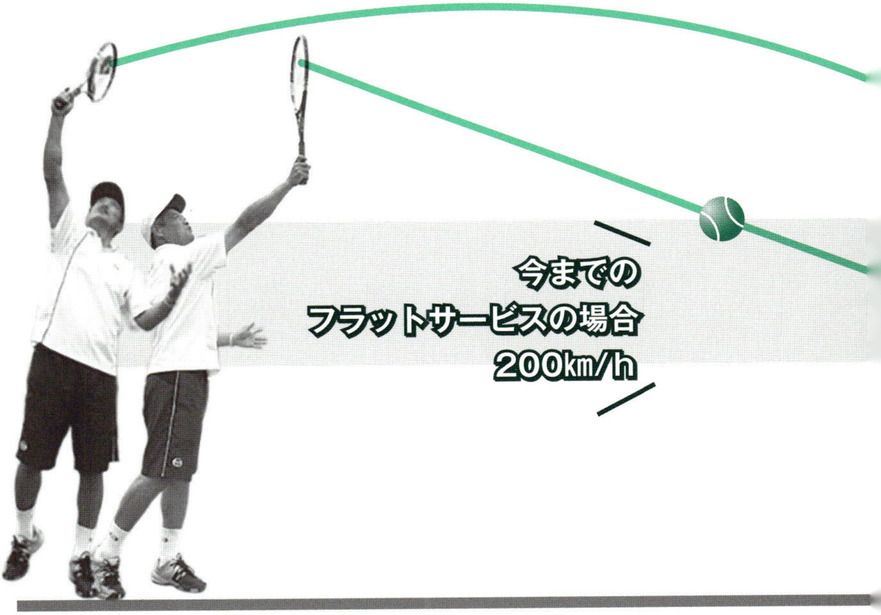

は放物線を描いてネットの高いところを通せるから安全で、確率も高いサービスです。

従来のスピンサービスのイメージは、フラットサービスなどと比較して速度が遅いイメージだったと思いますが、現在のサービスの基本形として考えるナチュラルスピンサービスは、速度も回転もコントロールできます。つまり、攻撃的に打てるサービスなのです。

右斜め上方向にフォロースルー肘の位置は高くなる

CHECK

フォロースルーは体を回した結果

右斜め上でボールをとらえたら、頭を動かさずに腕を回し続け、サービス動作をやりきります。

フォロースルーは体を回すことで起きる結果(肘が出て→腕を伸ばしながら腕が回り→手首が返るという動作の結果)です。ですから、フォロースルーは動作方向の右斜め上で、肘が高い状態で終わります。そして、伸びた体が元に戻る際(ジャンプした体が着地する際)、ラケットが下に落ちてきます。

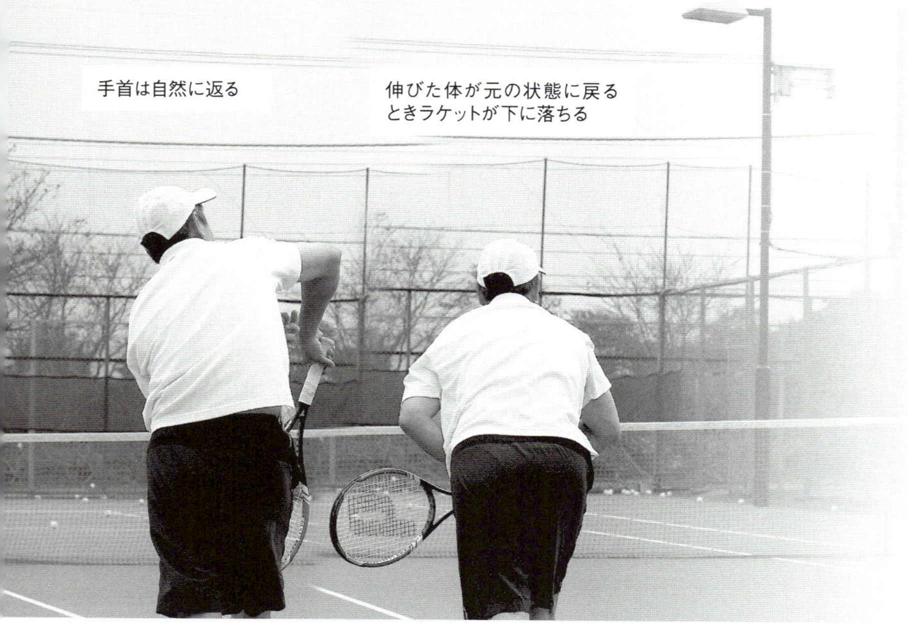

手首は自然に返る

伸びた体が元の状態に戻るときラケットが下に落ちる

右斜め上方向に
スイング
手首に角度があり、
伸びきらない
腕が伸びながら回
り、回転する途中に
インパクトがある。ラ
ケット面はボールに
斜めに当たる
ボールを打ったあとも腕
は回し続けて、右斜め上
方向でフォロースルー
体は横向きのまま
肩が回り、肘が出る
肘は高く終わる

PART 5
体の使い方を覚える

サービス改造 Before&After

トスを上げたあと左手がすぐに下りていた

ラケットが耳に近かった

手首で調節してボールに当てていたため、インパクトがズレやすかった

ボールをなでていた

ダブルフォールトが非常に多かった

ラケットが耳から離れた

手首を使わずにボールがつかめるようになった

スイングが加速できるようになった

ダブルフォールトをしなくなった

原 由紀代さんの場合

CHECK
サービス改造裏話Q&A

Q サービスを変えようと決心したきっかけは何ですか？

A 「変えろ」と堀内監督に言われて（笑）。というより、ダブルフォールトが本当に多くて、変えざるを得ない状況だったんです。ひどいときは1ゲームに3回もやってしまって0―40にしたこともあります。だからイチから始めました。投球練習から。まずはやってみようと思って。やらなきゃ変われないと思ったので。

Q ダブルフォールトの理由は何だと思いますか？

A グリップが厚いことだと思います。今はそれがわかるんですけど……。

Q 決定的に変わったと思うことは何ですか？

A グリップが薄くなったことで

Before スクエアスタンス

テークバックは
下から引いていた

トスを真正面に
上げていた

ラケットを
背中に担いでいた

グリップが厚かったため（イースタングリップ）、 ラケットヘッドが打球方向を指し、正面を向いて構えていた。スクエアスタンスだった

After クローズドスタンス

グリップを薄くしたら（コンチネンタルグリップ）、ラケットヘッドが左方向を指し、横を向いて構えるようになった。クローズドスタンスになった

テークバックは体をひねりながら、両肩・両腕が同期するようになった

トスを右斜め前〜横に上げるようになった

ラケットを背中に担がなくなった

投球フォームを覚えたら、こんなにサービスフォームが変わった！

す。そうしたら構えが変わって横向きになりました。グリップが厚い頃は正面を向いて、ボールを打つときはなでるように手首で調節して打っていたんですが、薄くしてからはラケットが下から上に出て、ボールがつかめる（スピンがかかる）ようになりました。それで確率がよくなりました。

Q 今はどんな練習をしていますか？

A 必ず投球練習をしています。あとはバックサイドからサービスを打つようにしています。スピンサービスを練習するのに一番適したポジションだからです。そこで正しいフォームを身につけて、あとはボールに与える回転、深さ、角度を変えることで、いろいろなサービスを打ち分けることを目指しています。

道具を使うスポーツ（テニス）と使わないスポーツ（野球）の取り組み方の違い

「体を機能させないと、いいエネルギーがラケットに伝わらない」

―― 野球からテニスが学ぶことは多いというお話がありました。そもそも野球選手、特にピッチャーは体の使い方が非常にていねいでこだわりもあり、そこがテニスのサーバーと大きく違うように感じられます。

堀内　まさしくそうで、道具を使うスポーツと使わないスポーツの差があります。道具を使うスポーツは道具（またはラケットワーク）にこだわる傾向があり、道具を使わないスポーツは自分の体が道具ですから、当然のように体の使い方にこだわります。ひ

たすら自分を研究します。テニスが道具（ラケットワーク）にこだわるのは、間違ったアプローチに思えてなりません。結果的に小手先の話に過ぎないからです。野球も指先の感覚を大事にしますが、彼らの場合は握り方にこだわっているのであって、決して小手先でごまかそうとしているわけではありません。野球が、走り込み、下半身を強くして地面からエネルギーをもらって、そのエネルギーを指の先まで神経を使ってボールに伝えることにひたすら取り組むのに対して、テニスも体をきちんと回して、下半身を使って地面からエネルギーをもらって運動連鎖していく、そこにひたすら取り組むべきです。そうすると、そのあとでラケットを握っても、正しいグリップで握りさえすれば、ラケットは正しい運動に導かれて正しいスイングになります。テニスプレーヤーがピッチャーから学ぶべきは「体を機能的に使う方法（ボディワーク）」です。

――日本選手のサービス力の低さを指摘していますが、やはりサービスに対する意識、取り組み方が間違っているのでしょうか。

堀内　かつて自分がプレーヤーとしてやってきたときも、指導者となって選手たちと戦うようになってからも、プロたちの戦いぶりを見ていても、日本選手のサービス力は低いと言わざるを得ません。ということは、取り組み方が間違っているということだと思います。サービスキープができなくて当たり前と思っている選手がいます。サービスが弱いから別のストロークに磨きをかけて補おうとする選手がいます。いずれも、ごまかしてプレーしているだけで根本を解決していません。サービスの重要性の認識もまた弱いと言わざるを得ません。ごまかしが通用する相手はいいところ同レベルまでであって、高いレベルが相手になれば、そんなことはいっさい通用しません。よりよくなりたければそこから逃げないで、もっとサービスを研究して、トレーニングすべきです。これは自分自身、そうしてごまかして指導してきた反省もあって今思うことです。

――『体を機能的に使う』ことの大切さとサービス強化について、学生のみなさんはどうとらえていますか。

堀内　みんなグローブを持つようになりました。上手な選手に〝どうやって投げているのか〟と聞くようになりました。野球部の学生に教わりに行く学生も出てきました。そうして根本から取り組むようになって、学生たちのサービス（スマッシュも）が変わり始め、彼ら自身が変われると感じたときに、私自身も人は絶対に変われるんだという確信が持てました。だから今、指導者としてやってはいけないと思うことは、過去の反省も踏まえて、選手の潜在能力を低く見てはいけないということです。これくらいだろうとか、これは無理だとか、指導者が線を引くことだけは絶対にしてはならないと思っています。だから指導者がサービスをあきらめてはいけないし、後回しにしてもいけない。テニスはサービスから始まるスポーツですから。

PART 6

ついてしまった癖を直したい

サービスの弱点解消講座

サービスに回転がかかっていないと入らないのはサービスラインがネットより下にあるから

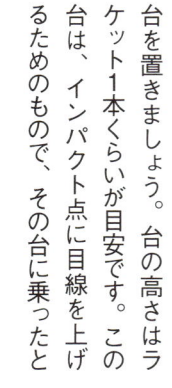

台を置きましょう。台の高さはラケット1本くらいが目安です。この台は、インパクト点に目線を上げるためのもので、その台に乗ったと

CHECK 1

サービスのボール軌道のイメージを確認しよう

よいサービスをマスターするにあたって、このイメージ確認は必ず行いましょう。

❶ テニスコートのイラストに、あなたがイメージするサービスのボール軌道を描いてみましょう。そのときプレーヤーのインパクト点から、どんな軌道になるかを描いてください。

❷ 今度は実際にあなたがコートに立ち、サービスポジションで構えます。そのときサービスラインはどこに見えますか？

❸ 次にそのサービスポジションに

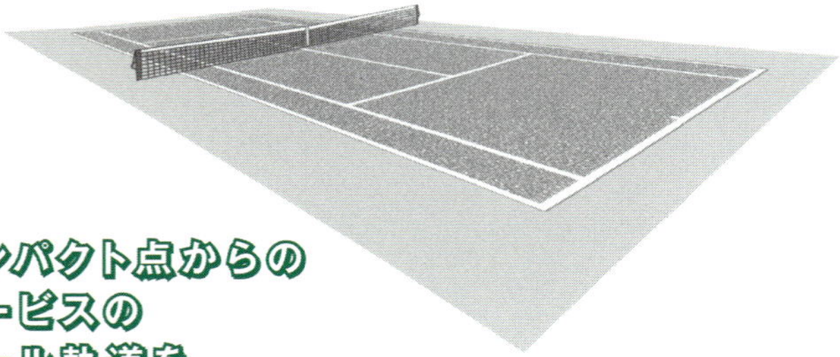

インパクト点からのサービスのボール軌道を実際に紙に描いてみよう

きサービスラインはどこに見えますか？
写真のプレーヤーの身長は170㎝強です。このプレーヤーの場合、❷❸ともサービスラインがネットの「下」に見えていることがわかります。おそらくサービスラインがネットよりも「上」に見える身長とは、190～200㎝クラスのプレーヤーではないでしょうか。❶で描いたイメージが、❷❸の作業をしたあとで正しいか否かが確認できます。
私はサービスを指導する際は、その都度、この確認作業をプレーヤーにやらせていますが、多くは❶のイメージが正しくないことに「ハッ！」としています。その間違ったイメージとは「直線」で、しかし❷❸の作業をしてネットの下にラインが見えることに気づくと、「直線ではサービスは入らない」ということがわかります。

CHECK 2

サービスの基本は放物線を描く『ナチュラルスピン』

写真は男子プレーヤーでしたが、女子プレーヤーになると、さらに小柄なプレーヤーが多いわけですから、どんなに腕を伸ばしても、ジャンプして打っても、サービスラインはネットよりも「下」です。ということは、インパクト点からボールは、上に打ち出し→回転をかけて→サービスエリアに落とす、放物線を描くサービスを打っていかなければサービスエリアには入らないのです。

マスターすべきは直線系(回転なし)ではなく、曲線系(回転あり)サービスです。

だから、サービスの基本は『ナチュラルスピンサービス』(回転のかかったサービス)であり、『フラットサービス』(ここでは回転のかかっていないサービス／直線系)ではありません。

✕ 直線のイメージ

サービスの基本は『フラットサービス』であると理解して練習していると「入らないサービス」が基本になってしまいます。ここは絶対に勘違いしてはならない大事な基本であり、イメージです。

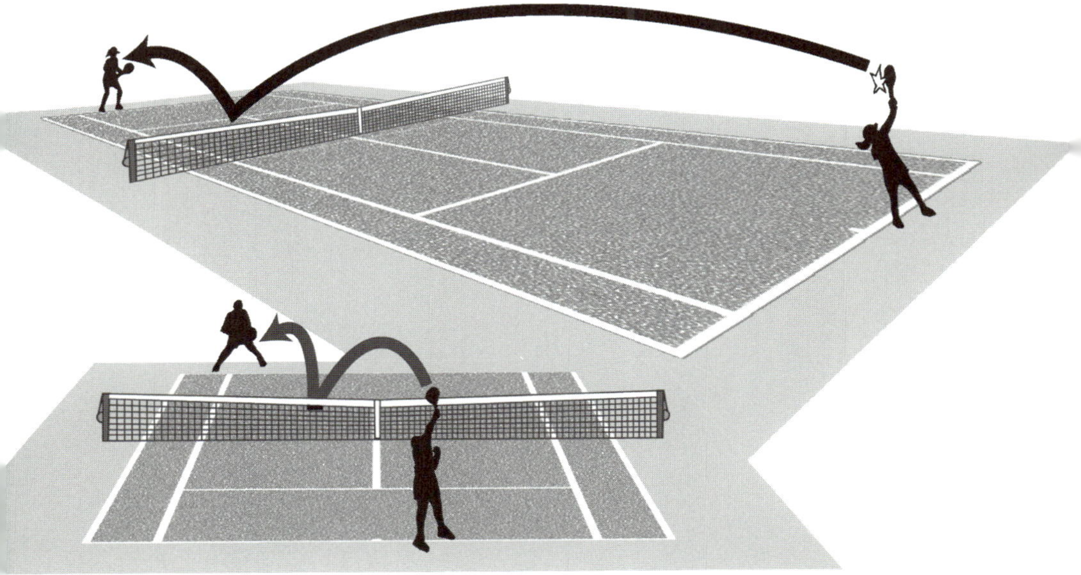

〇 曲線のイメージ

厚いグリップのサービスは上達に限界がある コンチネンタルグリップで始めよう

CHECK 1

厚いグリップはすぐに上達の限界がやってくる

サービスに欠点があるプレーヤーは、必ずといっていいほど厚いグリップで握っています（厚いグリップとはフォアハンドに近いグリップで、薄いグリップとはバックハンド寄りのコンチネンタルグリップ）。そのグリップはどんな問題を引き起こすのか、いくつかの例を挙げます。

❶ 体全体を使ったスイングができない。背中をかくようなスイングで、ラケットが耳元近くを通り、縮こまったスイングになる。

❷ 手首に頼りがちになり、「手首調子」のサービスになりやすい。

❸ グリップの影響で動作方向と打球方向が同じとなるため、ボールに十分な回転がかけられず球種が少ない。また威力も出ない。

❹ 動作方向と打球方向が同じため、相手にコースを読まれやすい。

これらのことからも、厚いグリップのサービスは上達の限界がすぐにやってきてしまいます。

サービスがよいプレーヤーは必ず薄いグリップ（コンチネンタルグリップ）で握っています。体幹をひねることに始まる運動連鎖ができていることも特徴で、体幹↓肩↓肘↓腕↓手首↓ラケットと徐々に力を増していき、そこに下半身の動きも加わり、最後に大きな力を発揮していきます。

また、ボールに自然なスピン（ナチュラルスピン）がかかっていることも特徴です。これは重要なチェックポイントです。回転がかかるということは、結果的にコートにボールを落とせます。つまりネットの上を高く越えたあとで落とせるので安全です。さらに風が吹いたり、天候が崩れたときでも、回転をかけていればボールをコントロールできます。

その回転のかけ方（動作方向、体の傾き）、回転量（多い・少ない）を変えれば、ボールのスピード、バウンドも変えることができるので、何種類ものサービスを生み出すことができ、それが武器になります。ところが厚いグリップではこれができません。

グリップ番号

番号面に親指と人差し指でつくるV字を当てて握る

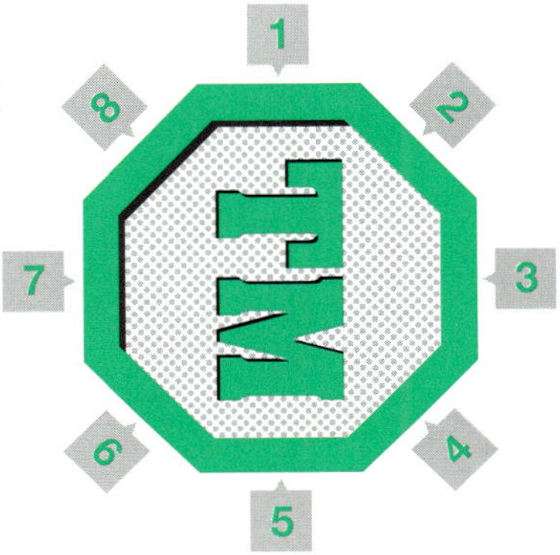

薄いグリップの構え

薄いグリップは8番面に親指と人指し指でつくるV字を当てて握る。このグリップでサービスの構えをすると、デュースサイド、アドバンテージサイドともにラケットヘッドは左方向を指し、ラケット面は上を向くのが特徴

CHECK 2

薄いグリップは寄り道せずに上達できる

厚いグリップのサービスは、薄いグリップのサービスに比べてスイング動作が体に近く、コンパクトに収まりやすいことから、サービス導入の際にすすめられる傾向があります。小さなエネルギーで簡単にサービスコートにボールを飛ばせるため、すぐにゲームが始められる〝手っ取り早い方法〟とも言えるでしょう。

しかし、ここで手っ取り早くことを済ませてしまうと、あとで痛い目に遭います。〝本格的なサービス〟から遠のいてしまいます。かつて私もそういう指導をした時期がありましたが、今はそれをしません。なぜなら上達に限界があるからです。厚いグリップで習ってきた学生を預かることも多いのですが、彼らが薄いグリップのサービスに変えるのに多くの時間と労力

✕ 厚いグリップのサービス

体が正面(前)を向く傾向がある

スイングプレーン(220、221ページ)からフォワードスイングが外れている

厚いグリップの構え

厚いグリップは1〜3番面に親指と人差しでつくるV字を当てて握るもの。1、2 3、と番号が大きいグリップを握るほど、サービスの構えをするとラケットヘッドが打球方向を指し(薄いグリップは常に左方向)、ラケット面は下を向く(薄いグリップは上を向く)のが特徴

を必要とする姿を見るとき、やはり導入期に厚いグリップでサービスを覚えることの弊害を痛感します。

　最初から薄いグリップのサービスにトライしましょう。多少むずかしく感じても、違和感を感じても、ダブルフォールトをしても、めげずにトライしましょう。過程でのミスは気にせず、違和感を当たり前としましょう。そのほうがあとで寄り道せずに上達できます。これは断言できます。

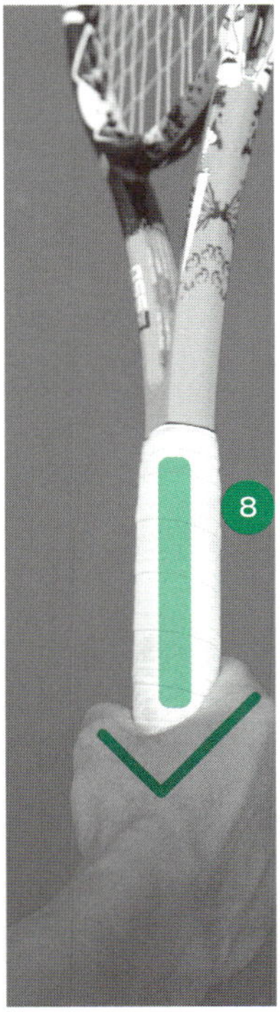

薄い

コンチネンタル
グリップ

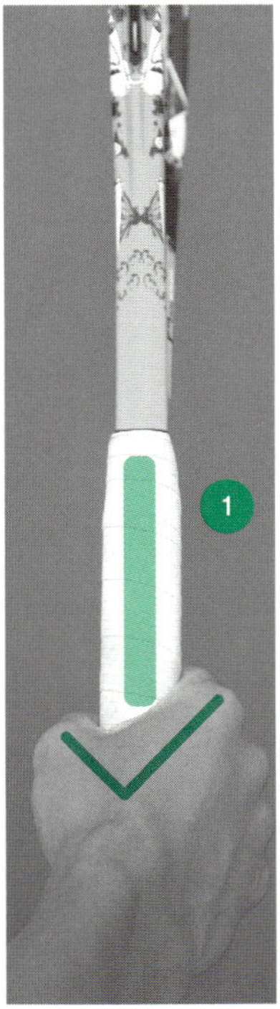

やや厚い

イースタン
フォアハンド
グリップ

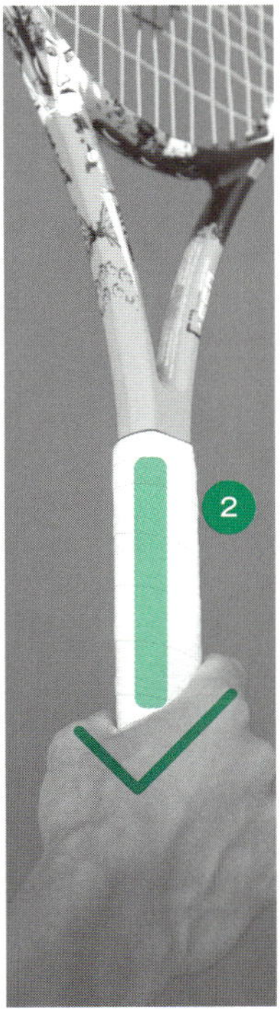

厚い

セミウエスタン
フォアハン
ドリップ

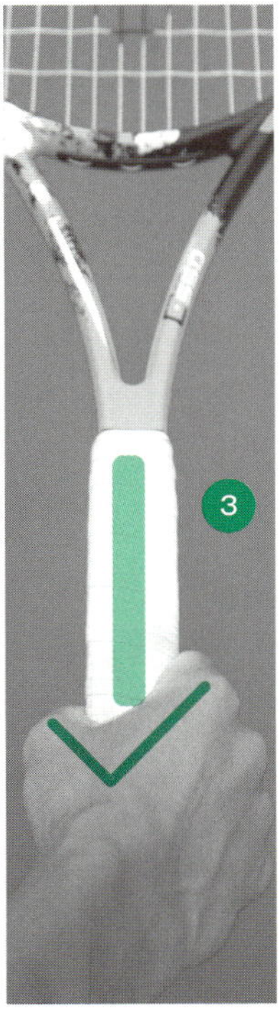

厚い

ウエスタン
フォアハンド
グリップ

CHECK 3

グリップによってスイングは微妙に違う

「厚いグリップでスイングを覚えたあと、薄いグリップに変える」という指導がうまくいかないのは、両者の動作の違いを正しく理解できていないためでしょう。

厚いグリップは動作方向と打球方向が同じであり、薄いグリップは動作方向と打球方向が違います。つまり「違う運動」なのに、それを踏まえずにグリップだけをいじると、プレーヤーが違和感を感じて、不安になったり、ストレスを感じて、うまくいかないことからグリップを戻してしまうのです。厚いグリップのプレーヤーが薄いグリップに変え

グリップが違えばスイングも違う

厚いグリップのサービス

回転系のサービスが打てない

上達していく過程では、相手のレベルも上がっていく。その中で勝つためには、自分のサービスゲームは必ずキープし、かつ、相手のサービスゲームをひとつブレークすることが条件になる。だからこそ上達の限界がやってこない"本格的なサービス"が必要であり、厚いグリップのサービスでは、どこかで壁にぶつかってしまうことに

動作方向と打球方向が同じ

ボールの真後ろをとらえる

インパクトで体が正面を向く

ようと、握り変えてサービス練習をしてもなかなかよくならないのは、多くが「やるべきこと」が理解できていないことにほかなりません。

厚いグリップから薄いグリップへ変えるときは、それまで覚えたサービスの「体の向き」「スイング」「リズム」「打球感」などを壊して、イチから始めることです。ちょっとの修正で変わるものではありませんから、大胆にチャレンジすることをすすめます。習得するまでには時間はかかりますが、その苦労を乗り越えたら、きっと上のレベルに通用するようになるでしょう。

グリップが違えばスイングも違う

薄いグリップのサービス

さまざまな球種(回転やスピード)が打てる

相手のサービスの良し悪しにかかわらず、自分のサービスゲームではスピン系、フラット系、スライス系などを駆使して相手のリターン力を抑え、自分のキープ力を上げることができる。どんな相手と対戦しても必ずイーブンに戦うことができるサービス

動作方向と打球方向が違う
(動作方向は右斜め上)

ボールを斜め上でとらえる

インパクトで体が横を向く

サービスとスマッシュは密接に関係している
サービスが得意な人はスマッシュも得意

CHECK

薄いグリップは打点の幅が広くスマッシュでも効果的

サービスとスマッシュは密接な関係にあり、厚いグリップでサービスを打っているプレーヤーは、スマッシュも厚いグリップで打つためネットプレーに弱点が出ます。

グリップが厚いと、打点は写真の通り、プレーヤーは体を正面に向けて前でとらえるしかなく、打点の幅もわずか50㎝くらいになります。しかも体を正面に向けなければうまく打てませんから、ジャンピングスマッシュなど、大きく後ろへ動いて打たなければならない状況は特にむずかしく、インパクト面が少しでも上に向いてしまえば、ボールに回転がかからない分、

厚いグリップのスマッシュは打点の幅が狭い

体を正面に向けて打点を前にしなければ力が入らないため、後ろへ下がりづらく、また少しでも打点が遅れるとボールがアウトしやすい

グリップが厚いプレーヤーは後ろ足のつま先が前を向く

厚いグリップのサービスと同じ

インパクトで体が正面を向く

アウトしてしまいます。
　一方、グリップが薄いと、打点はこれも写真の通り、プレーヤーは体を横に向けてとらえることができるため、打点の幅は1mくらいに広がります。しかもインパクト面が斜め下を向くので、打点が遅れてもスピンやスライスをかけてネットを越えるボールを打つことができます。
　グリップを厚くしてサービスを覚えてしまうと、スマッシュも打てなくなります。グリップを薄くしてサービスを覚えると、スマッシュも得意になります。

ジャンピングスマッシュ

後ろへ大きく下がりながら打つジャンピングスマッシュも、グリップが薄ければ多少打点が後ろになっても回転をかけてボールをコントロールできる。非常に応用力が高い

薄いグリップのサービスと同じ

インパクトで体が横を向く

薄いグリップのスマッシュは打点の幅が広い

体を横へ向けて打つので、打点は前から後ろまで幅広い。体を横へ向けるので後ろへ下がりやすく、打点が遅れても回転をかけてボールをコントロールできる

グリップが薄いプレーヤーは後ろ足のつま先が横を向く

コンチネンタルグリップの構えをしないと手首が窮屈になり、グリップがずれてしまう

CHECK 1

両サイドとも同じクローズドスタンス

コンチネンタルグリップに合うスタンスは、クローズドスタンスです。デュースサイド、アドバンテージサイドともに同じスタンスで、両足のつま先を結んだラインを打球方向ではなく、動作方向に向けます(写真)。

一方、イースタングリップに合うスタンスは、スクエアスタンスです。両サイドとも同じスタンスですが、両足のつま先を結んだラインを打球方向に向けるため、デュースサイドは左方向を向き、アドバンテージサイドは右方向を向きます。

コンチネンタルグリップで握り、クローズドスタンスで構えると、ラケットヘッドは左方向を指し、ラケットフェースはやや上を向くのが自然です。一方、イースタングリップで握り、スクエアスタンスで構えると、ラケットヘッドは打球方向を指し、ラケットフェースは地面と垂直になるのが自然です。

それぞれのグリップに合った「構え」「スタンス」があり、コンチネンタルグリップで握ったときは、必ずコンチネンタルグリップの「構え」「スタンス」をつくらなければいけません。

グリップ番号

番号面に親指と人差し指でつくるV字を当てて握る

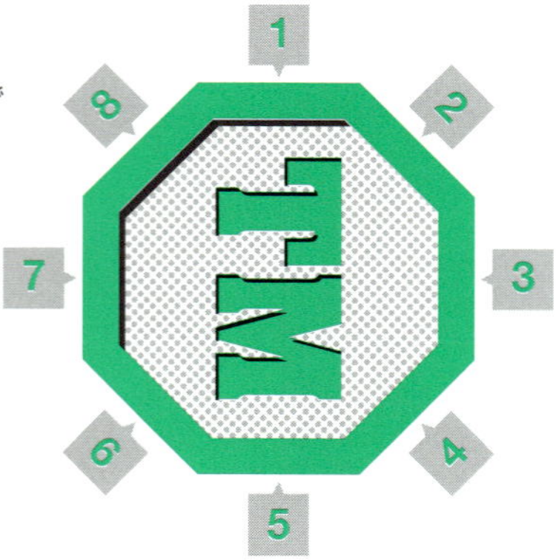

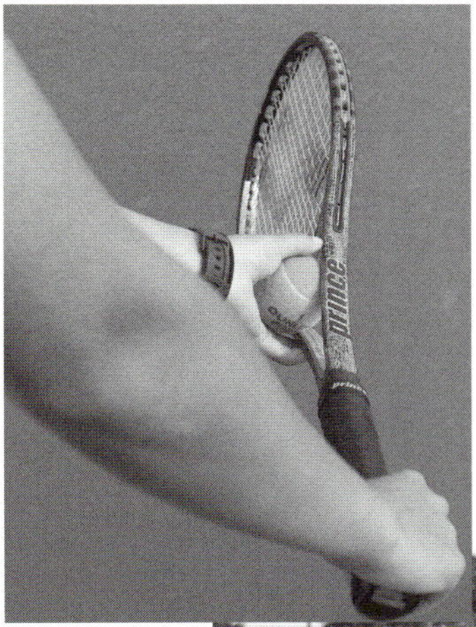

コンチネンタルグリップは8番

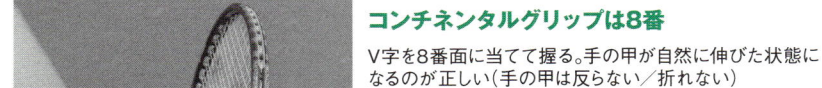

V字を8番面に当てて握る。手の甲が自然に伸びた状態になるのが正しい(手の甲は反らない／折れない)

**コンチネンタルグリップの構え
クローズドスタンスでラケットヘッドが
左方向を指すのが自然**

コンチネンタルグリップはクローズドスタンスで構える。両足のつま先が打球方向ではなく、動作方向に向くため、デュースサイド、 アドバンテージサイドともに同じクローズドスタンスになる。 そのときラケットヘッドは左方向を指し、ラケットフェースはやや上を向くのが自然

CHECK 2

コンチネンタルで握りイースタンの構えをしない

　イースタングリップからコンチネンタルグリップのサービスに変えるとき、忘れがちなのが「構え」「スタンス」です。これもコンチネンタルに合うものに変えないといけないのですが、イースタンの「構え」「スタンス」のままでいるために、サービス改良したいのにグリップが変えられない、すぐに元に戻ってしまうといった問題が起こります。

　そのイースタングリップのサービスは、スクエアスタンスで構え、ラケットヘッドは打球方向を指し、ラケットフェースは地面と垂直になるのが自然です。この「構え」「スタンス」のままコンチネンタルグリップで握るとどうなるかというと、写真のように手首が窮屈になり、気づけば楽な元のグリップ（イースタングリップ）にずらしてしまうのです。

　コンチネンタルグリップで握ったら、コンチネンタルグリップの構えをすることです。そこが一致していないと、ついた癖はなかなか直せません。

CHECK 3

イースタングリップは1番

　V字を1番面（真上面）に当てて握るイースタングリップは、手の甲がやや反った形（折れた形）になるのが特徴で、プレーヤーはこの「反り」に安定感を感じ、インパクトの形として固定してしまうことが多いものです。スピンがかけらない、サービスのよくないプレーヤーに多いグリップです。

コンチネンタルグリップでラケットヘッドを打球方向に向けてしまうと、手首が窮屈になり、グリップを（イースタングリップに）ズラしてしまう。

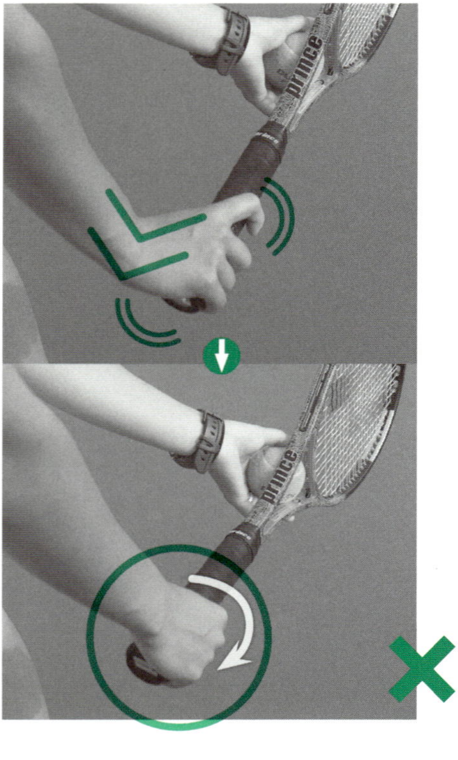

コンチネンタルグリップでイースタンの構え
打球方向にラケットヘッドを向けると、手首が窮屈になり…

イースタングリップはスクエアスタンスで構え、両足のつま先を結んだラインが打球方向を向き、それに合う形でラケットヘッドも打球方向を指すのが自然。イースタングリップから、コンチネンタルグリップに握り替えてサービスを覚えようとするとき失敗するのは、グリップと構えの不一致から手首が窮屈になり、楽なイースタングリップにずらしてしまうことに

イースタングリップにずらしてしまう

構えが間違っていると、手首が窮屈になり……

ラケットは肩や背中に担がないテークバックでラケットは顔の前

CHECK 1

ラケット面がどこにあるか自分の目で一度確認してみよう

写真を見てください。近年、サービスがよいプレーヤーはほとんどこの形のトスアップ＆テークバックをしています。ここでチェックしてほしいポイントはラケットと腕、肘、手の位置です。どこにありますか？

トスアップ＆テークバックのあと、次のフォワードスイングに入る前には、下半身主導の運動が上半身主導の運動に切り替わる〈切り返し〉（一瞬の静止）があり、このときラケットは顔の前にあります。肘の角度は90度、グリップと手首の角度は１３５度くらいで、ラケットの重心は手首寄りです。これが理想形です。

ラケットは背中に担がない

テークバックのとき、ラケットは背中に担がない。ラケットは顔の前で、ラケットの重心は手首寄り。肘の角度は90度、 グリップと手首の角度は135度くらいが理想形

ラケットは顔の前

テークバックのとき、ラケットは体の前を通り、顔の前にくる

CHECK 2

ラケットを背中に担ぐと必要な運動が抜けてしまう

テークバックのイメージを間違えているプレーヤーは多いものです。「ラケットを背中に担ぐ」とか、「ラケットで背中をかく」、あるいは「脱力してラケットヘッドを背中に落とす」「手首を耳に近づける」といったイメージで、間違った運動を練習している例が少なくありません。

ラケットを背中に担いだり、ラケットで背中をかくようにすると、腕をたたむ運動をしてしまうため、本来、サービスを打つのに必要な〈体を回す〉運動ができず、特に〈肩を回す〉運動と〈前腕を回す〉運動が抜けてしまいます。体を回せず、肩を回せず、腕を回せず、いきなり〈肘を伸ばす〉運動をしなければならないのです。だから、ボールを打つときに担いだラケットを“どっこいしょ”と持ち上げるようなフォームになります。

必要な運動が抜ければ、エネルギーはロスします。すなわち大きなエネルギーもつくれません。

下から上へ、どっこいしょ

ラケットを背中に担ぐ

ラケットを背中に担ぐと、腕をたたむ運動をしてしまうため、〈体を回す（ひねる）〉運動ができず、〈肩を回す〉 運動、〈前腕を回す〉運動が抜けてしまい、 いきなり〈肘を伸ばす〉 運動をしなければならなくなる。これがラケットを下から上に“どっこいしょ”と持ち上げるようなフォームになる原因

やってはいけない練習

正しい運動を理解できていないプレーヤーが、写真×のようにラケットを背中に担いで、止めた構えからサービス練習をすると、多くは「肘を落として上げる」という動作になります。運動は、運動を始める前に必ず『予備動作』というものを必要としており、写真×の構えをすると、予備動作は「肘を下げる」動作になってしまい、結局、背中にラケットを担ぐことになってしまいます。

この練習の問題点は、①肘が下がる時間的猶予があること、②肘が下がって運動連鎖が止まってしまうことにあります。サービスは体のひねりを予備動作に、各部位の回転運動を導いていています。それを身につけるためには、写真○のようにラケットは顔の前に置き、ひねる（体を横に回す）動作を予備動作とすることです。そうすると肘は下がらず、正しい運動連鎖ができます。

○ ラケットは顔の前にテークバックして体をひねるのが正しい

× ラケットを肩（または背中）に担いでテークバックすると肘が落ちる原因になる

トスアップは「前」ではなく「横」 体をひねると左手は右斜め前～横方向に上がる

トスアップを「前」にすると体がひねれない

トスを前に上げると体側に沿ったスイングになり、体をひねれない（回せない）

インパクトで顔を背ける

コンチネンタルグリップと体の向きがマッチしていないと、顔を背けなければ打てない。スイングプレーン（220、221ページ）をずらして打つことになる。そして肩や手首に負担がかかる

インパクトで正面を向く

インパクトで正面を向くため、肩や手首に負担がかかる

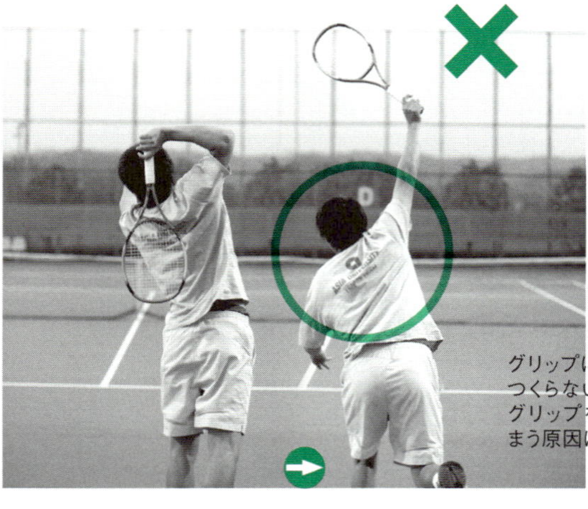

グリップに合った体の向きをつくらないと打ちにくいので、グリップを厚く握り替えてしまう原因になる

CHECK 1

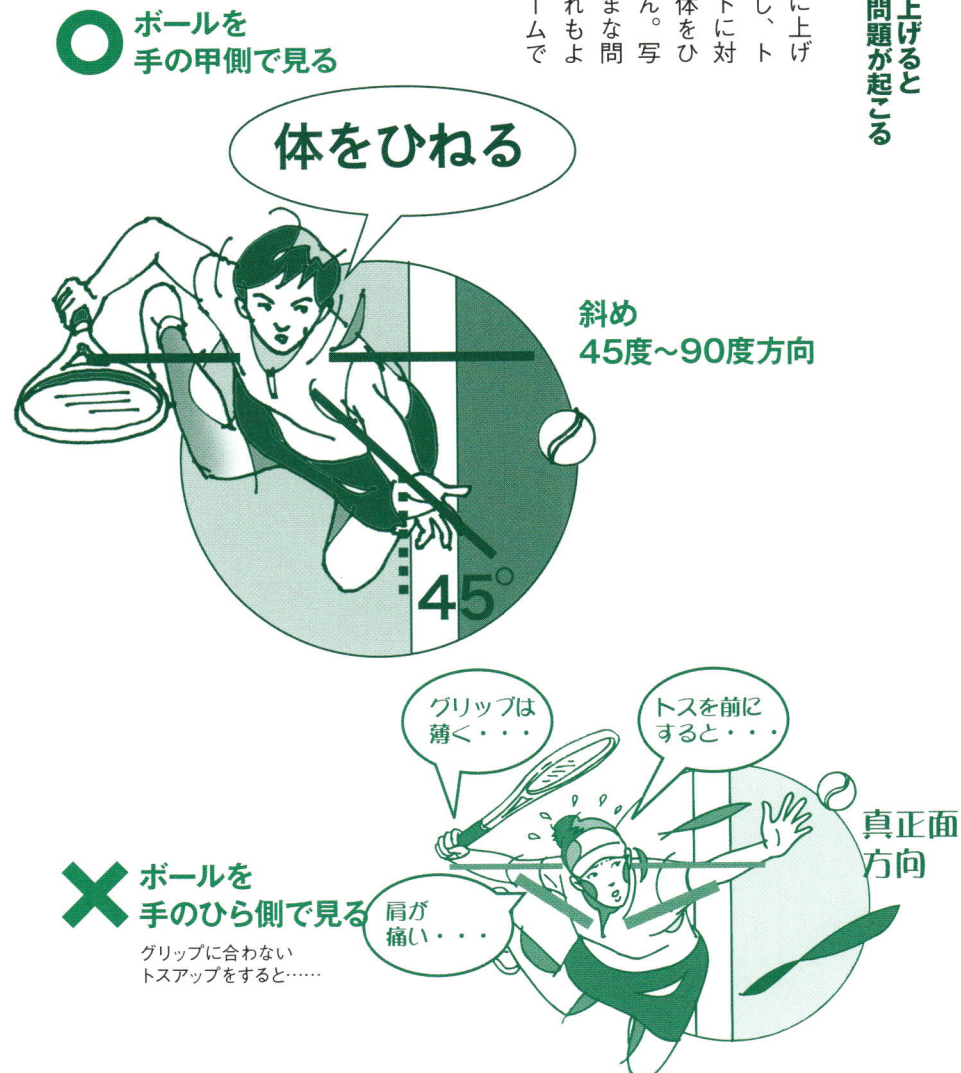

トスを前に上げると さまざまな問題が起こる

トス=ボールは前に上げると言います。しかし、トスを上げる腕をネットに対して前に上げると、体をひねることができません。写真×のようにさまざまな問題が起きます。いずれもよく見かける問題フォームです。

トスアップは右斜め前〜横方向
体をひねり、両肩・両腕を同期させる

トスアップは体を横にひねって始まる。そのとき両肩・両腕を同期させると、左手はベースラインに沿って右斜め前〜横方向に上がる

○ ボールを手の甲側で見る

斜め
45度〜90度方向

× ボールを手のひら側で見る

グリップに合わない
トスアップをすると……

CHECK 2

バランスボールの捻転動作がサービス動作につながる

体のひねりに合わせて、両肩・両腕を同期させるトスアップ&テークバックを身につけるために、バランスボールを使って練習しましょう。

両手でバランスボールを持ち、サービスを打つイメージで構えます。クローズドスタンスで立って、ラケットを持っているときと同じように前傾して構え、ボールを前に突き出します。そこから体をひねりながらボールを引き上げてテークバックすると、体のひねりを実感しつつ、ボールが体の前を通って顔の前にきます。そして、トスアップの左手が横方向に上が

ボールを引き上げてテークバック

クローズドスタンスで構え、ボールを引き上げると、左手(トスの手)は横方向に上がり、ボールは体の前を通って顔の前へ

ボールの位置を変えずに〈切り返し〉

ボールの位置を変えずに〈切り返す〉と、肘の角度(90度)が崩れない。そうすると運動連鎖により肩が回り、肘が出て、腕が伸びながら、腕が回る。これが大きなエネルギーを生む運動連鎖となる

るのがわかります。これが正しいトスアップとテークバックです。肘の角度は90度で理想的な形になります。

次にフォワードスイングですが、その前に一瞬の静止状態を境に、そこから〈切り返し〉ます。持ったボールは止めたまま体のひねりを戻しましょう。そうすると肘が前に出ますので、右斜め上方向にボールを投げて（腕を回して）フォロースルーです。顔を動作方向である右斜め上に残します。これも大切なポイントです。この一連の動作がサービス動作であり、ラケットに持ち替えてもまったく同じと考えられます。

SERGIO TACCHINI

ボール（手首）の位置を変えずにひねり戻す〈切り返す〉

ボールの位置を変えずに〈切り返す〉と、肘の角度（90度）が崩れない。そうすると運動連鎖により肩が回り、肘が出て、腕が伸びながら、腕が回る。これが大きなエネルギーを生む運動連鎖

高すぎるトスはあちこちに散らばるもと 低いトスのほうがエネルギーが小さく安定する

CHECK 1

体の捻転に合わせて トスはゆっくりと低く上げる

サービスのトスが安定しないプレーヤーの多くは、ボールを持つ左手とラケットを持つ右手が体の捻転と同期していないということが挙げられます。左腕と右腕の動きがズレていたり、両腕の動きが速すぎたり、それによってトスが乱れたり、腕の振り上げが速いことからトスが高すぎて安定しません。トスは体の捻転に合わせて両肩・両腕を同期させ、ゆっくりと低く上げます。これがトスを安定させるポイントです。

✕ 腕や手首を使ってトスすると ボールが加速して乱れる

体の捻転がなく、腕や手首を使ってトスアップすると、ボールが加速して乱れやすく、高く上がりすぎる。高く上がると落ちてくるボールのエネルギーが大きくなり、そこにラケットをコンタクトさせるのはむずかしい

体のひねりに合わせてゆっくりと棚の上にボールを上げる

体のひねりに両肩・両腕を同期させてトスアップすると、ボールのエネルギーが小さくて済むので、 トスは低くてよく、ラケットとボールのコンタクトがやさしくなる。 高さの目安はインパクト点よりやや上で、ボールを棚(ラケットの上)に載せる程度

CHECK 2

高すぎるトスはエネルギーが大きく、打つのがむずかしい

サービスは高い打点で打つものという意識が強いと、トスを高く上げすぎる原因になるのであまり考えないほうがよいでしょう。

トスを高く上げようとすると、腕や手首を使ってボールを加速させてしまいがちです。加速したボール＝高く上げたボールはエネルギーが大きいため安定させづらく、しかも頂点で一瞬静止したあと急激に落下してくるため、ラケットを速く振り上げなければなりません。そこにコンタクトさせるのはとてもむずかしくなります。また、高いトスは風が強い日に、もろにその影響を受けるため安定しないのです。

トスは低くて十分です。インパクト点の少し上くらいが目安。低いトスはボールのエネルギーが小さく、加速していないので安定しますし、低い分、ボールが目元に近くなるのでラケットをボールにコンタクトさせるのがやさしくなります。風の影響も最小限に抑えることができます。

むずかしい

腕を振り上げてトスアップすると、ボールが加速して高くなってしまう。 安定しない原因になるし、加速したボール（エネルギーが大きなボール）は打つのもむずかしい

やさしい

体の捻転に合わせてトスアップすると、ボールのエネルギーは小さく済むので安定する。トスの高さはインパクト点より少し上くらいが目安

バンザイ型テークバックは体のひねりがなく大きなパワーがつくれない

CHECK 1

円運動は肩の動きを妨げやすい

サービスのテークバックのイメージとして、よく「バンザイをする」とか「ラケットの手を前後に広げる」とか「両遠心力を使う」といった円運動のイメージが言われます。

確かにサービスは、ラケットヘッドの重さを使った円運動にも見えるのですが、それは従来型のサービスで、実際のところ現代型のサービスは、ラケットの重心はラケットヘッドにはなく手首寄りにあります。体のひねり戻しを強く使った現代のサービスは、体幹→肩→肘→腕（手首）→ラケットの順にだんだんとエネルギーを大きくしていって、最後にもっとも大きなパワーをボールに伝えます。

ところが、ラケットヘッドの重さを使った円運動は体側に沿った運動になるため、体のひねりがあまり使えません。また、スイングの最初からラケットヘッドに大きなエネルギーを与えてしまうため運動が止まらないのが特徴的で、特に、腕が体の近くにたたまれてしまうことから肩の運動が抜けやすくなってしまいます。つまり、このスイングは大きなエネルギーをつくることがむずかしく、またエネルギーの伝達もうまくできないのです。

△ バンザイ型テークバックは遠心力を使うため体側に沿ったスイングになる

CHECK

2

テークバックとは体をひねる(回す)こと

テークバックでは、「ラケットを引く」のではなく、体を横にひねります(回します)。ひねった先にラケットがついてくると考えましょう。体を横にひねり、両肩・両腕を同期させるのがテークバックです。

「ラケットを引く」と考えると、体の末端にあるラケットを最初に動かすイメージになり、それが体をひねる運動を妨げる原因になりやすいのです。

○

捻転型テークバックは体のひねりを使うため腕や手が体から離れる

体をひねることで始まるテークバックは、体幹からエネルギーをつくり始め、体幹→肩→肘→腕(手首)と徐々にエネルギーを大きくしていき、最後に→ラケット→ボールへとそのエネルギーを伝達する。だからテークバックのときには、ラケットの重心はラケットヘッドにはなく、手首寄りにあり、それは体幹にエネルギーがあるためである

体をひねる(回す)、それがテークバック

ラケットを引くのではなく、体をひねるのがテークバック。体幹からエネルギーをつくり、伝え始めるので、ラケットの重心はラケットヘッドにはなく手首寄りにある。そして、体幹→肩→肘→腕(手首)と順序よく回転し、徐々にエネルギーを大きくしていき、最後にラケット→ボールへ伝える打法

ラケットヘッドの重さ(遠心力)でテークバック

バンザイするようにテークバックすると、体側に沿った動きとなるため、体をひねることができない。また、ラケットの重心が最初からラケットヘッドに移ってしまい、大きなエネルギーが働いて動きが止まらず、腕が体の近くにたたまれて、腕を伸ばしてボールを打つことになる。効率的にエネルギーをつくり、伝えられない打法

手首を耳に近づけると〈肩を回す〉運動が抜けやすい

CHECK 1

手を耳に近づけるのはイメージの勘違い

〈切り返し〉のとき（体をひねり戻すとき）には一瞬の静止状態があります。写真○がその〈切り返し〉以降の動きですが、チェックしてほしいのが肘と手首の角度です。一連の動きの中で肘の角度は90度、手首の角度は135度くらいで一定していることがわかります。ポイントはその角度を保つ中での手首の位置にあります。手首の位置を変えずに体のひねりを戻すと→肩が回り（外旋と内旋）→肘が出て（腕を伸ばしながら）（伸展）→腕が回り（回外と回内）→手首が自然に返ります。

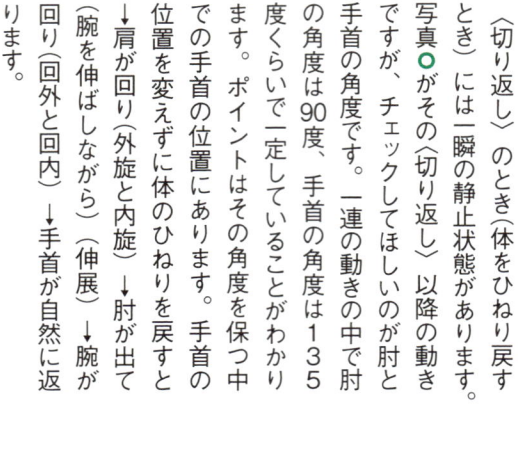

しかし写真×には体のひねりがないため〈体を回す（ひねりを戻す）〉運動が抜け、腕がたたまれて手が耳に近くなり、〈肩を回す〉運動と〈前腕を回す〉運動が抜けています。ボールを打つときは体を正面に向けて〈腕を伸ばす〉運動と手首で打ちます。本来、大きなエネルギーを生むはずの体の回転がなく、小さなエネルギーしか生まれません。

×

手を耳に近づけると肘と手首の角度が狭くなり〈肩を回す〉運動が抜ける

ラケットを背中に担いだり、手を耳に近づけると、腕がたたまれて肘と手首の角度が理想形より狭くなってしまう。そうすると〈肩を回す〉運動（外旋と内旋）が抜けて、運動連鎖が崩れ、大きなエネルギーをつくれない。最後は腕を伸ばして、手首で調節する「手首調子」のサービスになってしまう

○ 肘と手首の角度を保ち手首の位置を変えずに〈切り返す〉

肘と手首の角度を保ち、静止状態。その後、手首の位置を変えずに体のひねりを戻す。そうすると体が回り（ひねりを戻す）→肩が回り（外旋と内旋）→肘が出て（腕を伸ばしながら）（伸展）→腕が回り（回外と回内）→手首が自然に返る

CHECK 2

エネルギーをうまく伝える正しい〈切り返し〉が必要

テークバックのあとには一瞬の静止状態があって〈切り返し〉動作があります。〈切り返し〉とはテークバックからフォワードスイングへのスイングの移行を言い、これを正しく行わないと運動が途切れ、エネルギーがうまくボールに伝わりません。

そこで、〈切り返し〉動作をチェックしていきます。肘と手首は常に正しい位置にあることが大切で、角度（肘の角度は90度、手首の角度は135度くらい）を保つことです。ソフトバレーボールを肘と腕ではさむと角度が保て、切り返す練習ができます。

手の位置を変えずに体のひねりを戻して〈切り返す〉

テークバックは顔の前に、そこから動作方向である右斜め上方向へ顔を向けたまま、手首の位置を変えずに体のひねりを戻す。体をうねらすような動きが正解。ラケットを持っても持たなくても、運動は同じ

ソフトバレーボールを肘と腕ではさみ〈切り返し〉動作をチェック

このページにあるテークバック写真はすべて同じで、(手首が) 顔の前にある。そこにソフトバレーボールを用意して、肘と腕ではさみ、手首の位置を変えずに体をひねり戻す。これが〈切り返し〉。すると→肩が回り(外旋と内旋) →肘が出て(腕を伸ばしながら)(伸展) →腕が回る。写真は肘が出たところまでだが、このあと腕を伸ばしながら回し続けるとボールが落ちる

動画はコチラ

CHECK 3

500㎖ペットボトルを使って〈切り返し〉動作をチェック

〈切り返し〉が正しくできているかどうか、500㎖ペットボトルを使ってもチェックできます。八角形のペットボトルに色のついた飲料水を半分入れます。ペットボトルの握り方も重要で、角に親指と人差し指でつくるV字を当てて握ります。これがコンチネンタルグリップです。

次に、飲み物が常に地面と水平であるように気をつけながら、サービススイングをします。

まず、構えます。体のひねりに合わせて、両肩・両腕を同期させてテークバックします。ペットボトルは体の前を通って顔の前で止めてください。肘の角度は90度、手首の角度は135度くらいです。

一瞬の静止を挟んで〈切り返し〉動作をします。このとき、飲み物が地面と水平のまま切り返せればOKです（写真○）。

グリップはコンチネンタル

ペットボトルの角に親指と人差し指でつくるV字を当てて握る

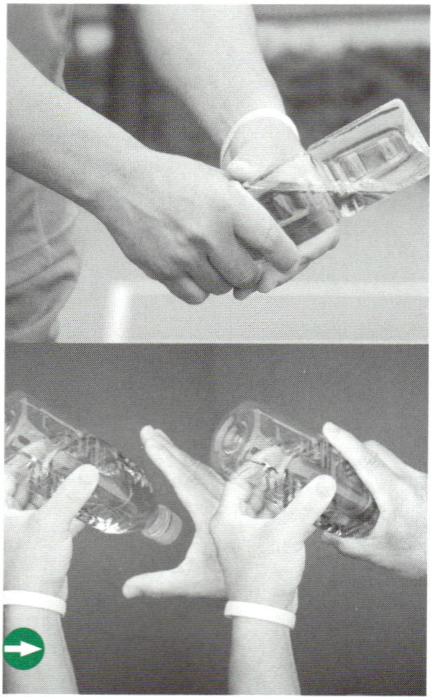

捻転型テークバックは飲み物が手首寄りのまま移動しない

サービスの構えからテークバックまで。体のひねりに合わせて両肩、両腕を同期させてトスアップ＆テークバックすると、飲み物は地面と水平なままになる。また、飲み物は常に手首寄りにあり、重心は手首寄り。体幹でエネルギーをためている証拠

捻転型テークバックは手の位置を変えずにスムーズに切り返せる

飲み物が地面と水平なまま切り返せればOK。これができればスイングが加速する

バンザイ型テークバックは手の位置・形が変わって切り返しに失敗する

体のひねりがないバンザイ型スイングは運動が止まらないため、腕をたたんでしまい〈切り返し〉がうまくできない。このあと〈肩を回す〉運動が抜けて腕を伸ばしてボールを打つことになる

バンザイ型テークバックは飲み物が早く先端に移動してしまう

バンザイ型テークバックは体のひねりがなく遠心力を使うため、 スイング開始と同時に飲み物が先端に移動してしまう。重心が先端にあるということは、すでにエネルギーが先端に移ってしまっており、このあと大きなエネルギーはつくれず、あとで手首を使う原因になる

CHECK 4

「揺らぎ動作」でサービスに必要な〈切り返し〉を鍛える

サービスの運動連鎖の中でもっとも抜けやすいのが〈肩を回す〉運動です。そこで、うまく〈切り返し〉を行い、肩の運動が抜けないように練習しましょう。

コートにあるフェンス、あるいは家の中なら壁やタンスなどを使い、テークバック(手首の位置が顔の前)のポーズをつくって、写真のように利き手でつかまります。このとき、スタンスはフェンスに対してクローズドスタンスです。テークバックの肘の角度は90度、手首の角度は135度くらいを意識します。そしてフェンスをつかんだまま左肘を引いて体のひねりを戻すと、右肘が前に出てきて肩が外旋する感覚がつかめます。切り返したあとのフォワードスイングの感覚です。

この練習を繰り返すと体が揺らぐ感じが出てきますが、その「揺らぎ動作」が出てきたら、肩が回っている証拠です。この練習のあとでボールを投げると、思いのほか肩が回ってボールが遠くへ飛びます。

動画はコチラ

クローズドスタンスで構える

テークバックは顔の前

手首の位置に注目。テークバックは顔の前が正しく、 見えるところに両手を置く。そしてフェンスをつかんだまま左肘を引いて体のひねりを戻すと、右肘が前に出てきて肩が外旋する感覚がつかめる。この運動に続いてスイングが加速する

「つり革」を使って揺らぎ練習

市販の「つり革」を使って〈切り返し〉練習。電車の中でもできる練習で、つり革につかまり、 電車が停車したときに進行方向に向かって切り返すと、ご覧のようなダイナミックなスイングになる。ただし周りの方に迷惑をかけないように

バンザイ型サービスのスイングプレーンは1つ しかし、正しいサービスのスイングプレーンは1つではなく2つ

CHECK 1

スイングプレーンとはスイング軌道のこと

ゴルフでよく使われる用語に「スイングプレーン」があります。ゴルフは体の回転運動を使う競技であり、その回転運動によってクラブが描くスイング軌道をスイングプレーンと呼びます。

正しいスイングプレーンに沿ってスイングすることが基本テクニックのマスターにつながります。スイングプレーンを無視して力任せに打ったり、そもそも思い描いているスイングプレーンが間違っていたりすると基本テクニックは身につきません。

テニスにも、このスイングプレーンの考え方は当てはまります。捻転型サービスのスイングプレーンは、写真○のように2つです。しかし、ひと昔前のバンザイ型サービス（従来型サービス）、または厚いグリップで打つサービスのスイングプレーンは、写真×のように1つです。

バンザイ型サービスは運動が止まらないから1つ

スイングのはじめから終わりまでラケットを加速することでエネルギーを得ようとするスイングのため、運動は止まらずスイングプレーンは1つ

CHECK 2

サービスのスイングプレーンはひねる方向と戻す方向でズレる

捻転型サービスはテークバックするときに1つ目のスイングプレーンがあり、フォワードスイングするときに2つ目のスイングプレーンがあります。下半身主導の運動が上半身主導に切り替わり、テークバックからフォワードスイングへ切り返しを行うとき一瞬の静止画ありますが、その〈切り返し〉のときに、1つ目のスイングプレーンから2つ目のスイングプレーンへズレます（変わります）。体のひねりの大きさの分だけスイングプレーンにズレが生じます。体のひねりのない厚いグリップのサービスの多くは、スイングプレーンのズレがなく、だから1つです。

○

捻転型サービスは体をひねるので2つ

テークバックとフォワードスイングの〈切り返し〉のとき、体のひねりが大きいほど2つのスイングプレーンにズレが生じる

フォワードスイング

2つ目のスイングプレーン

テークバック

1つ目のスイングプレーン

〈切り返し〉のときは左手を早く解かない 左手主導で切り返すと、腕の振りによることになる

CHECK 1 テークバックから フォワードスイングへ〈切り返し〉が重要

体をひねり、ひねりを戻すとき、テークバックからフォワードスイングに変わるときを〈切り返し〉と呼んでいますが、このとき、動きが一瞬静止します（写真○❶）。ここから上半身と下半身にある捻転差から、腰を切ってエネルギーを爆発させ、打球方向上方にジャンプしてインパクトを迎えます。

CHECK 2 下半身からのエネルギーが 体幹に伝わるまで左手は下ろさない

〈切り返し〉のときの左手（トスアップした手）は、下半身からのエネルギーが体幹に伝わってくるまで残していなければなりません（写真○❶❷）。その後、左手（左肘）を引いて（写真○❸）体幹の回転運動をサポートすると、右肩が前に出てきます（写真○❹）。左手をよく見てください。下ろしません。

○ 左手は解かない

下半身からのエネルギーが伝わってくるまで左手は解かない。その後、左手（左肘）を引いて回転運動のサポートをし、右肩が前に出てくる。〈切り返し〉のきっかけは下半身のジャンプであることに注目

✕ 左手を解く、または早く下ろすと……

下半身からの運動連鎖（膝→腰→体幹を回す）に関係なく、左手を下ろすと（写真✖❶❷❸）、右手（右腕）の振りにたよることになり（写真✖❹❺）、伝えられるエネルギーは小さい

体幹のひねりに両肩・両腕を同期させる 腕は振り上げず、加速させない

CHECK 1

左手は横、右手は体の前をゆっくり通って徐々にエネルギーを大きくする

体を回す=横にゆっくりひねりながら始める捻転型サービスは、両肩・両腕を同期させます。体を横にひねる分、トスアップの左手も横方向に上がり、ラケットを持つ右手は体の前をゆっくり通ります。

このとき外せないポイントはラケットの重心です。体幹をゆっくり高くひねり上げることからラケットの重心は手首寄りになります。この運動に始まり、だんだんエネルギーを大きくしていき、最後にもっとも効率よくエネルギーをラケットからボールに伝えます。

ところが、体をひねらずに腕の振

両腕を振り上げずゆっくりと体をひねり上げる

前傾した構えも重要で、そこから体を横にひねり、さらに高くひねり上げる。するとトスアップの左腕は横方向に上がり、ラケットを持つ右腕は体の前を通過して、高い位置でテークバックが行われる

り上げにたよったサービスは、運動のはじめからラケットを加速させてエネルギーをつくろうとします。重心ははじめからラケットヘッドにあり、ラケットがすでに大きなエネルギーを持っているため、ボールにうまくラケットを当てるのがむずかしくなり、そこで手首で調節する「手首調子」のサービスになります。

肘が下がって肩が回らないのはグリップとテークバックに問題がある

CHECK 1
ラケット主導のテークバックは円運動になり、肘が下がりやすい

CHECK 2
グリップ次第でスイングは変わる

肘が下がり、力がうまく伝えられないプレーヤーは、まずグリップをチェックすべきです。厚いグリップで握ると体をひねったテークバックは不向きで、両手を体側に沿って広げる円運動のテークバックが合います。一方、コンチネンタルグリップは、体を横にひねるテー

コンチネンタルグリップの捻転型スイング

❶―❸股関節を曲げ、体幹のひねりで始まるテークバック（ボディ主導） は、横方向に高くひねり上げており、❹〈切り返し〉で一瞬静止したあと、下半身主導の動きが上半身主導に切り替わり、❺体が回り、❻❼肩が回り、❽肘が出て、❾スムーズな運動連鎖によりラケットが加速していく

クバックとマッチするもので、グリップ次第でスイングは変わるものです。

イースタングリップのバンザイ型(円運動)スイング

❶－❸ラケット主導のテークバックは、体側に沿って大きな円運動になる。❹ラケットは頭上高く上がり、❺上がれば当然あとで落ちてきて、そこで肘が下がる。肘が下がると腕がたたまれ、❻肩を回せず、❼腕の曲げ伸ばしでボールを打つことになり、❽力がうまく伝えられない

上
下

高

バンザイ型(円運動)スイングは肘が下がる

全体の運動に上下動があり、重心を「上」「下」「上」「下」と繰り返すことによって利き腕の肘が下がることが起きてしまう。 体を回す、肩を回す、腕を回す運動など主要な運動が抜けてしまい、大きなエネルギーがつくれない

捻転型スイングは肘が下がらない

重心を低く下半身に置くことによって、 地面からの反動を十分につくり出すことができる。また、上体はそのために脱力し、ひねることによって肘も下がらず、ジャンプしたときに大きなエネルギーを伝えていくことができる

手首は使うものではなく自然に動くもの それより大切なのは前腕を回すこと

CHECK 1

体→肩→肘→腕→手首→ラケット運動には順番がある

ドラムを叩く姿を思い浮かべてみてください。どうやって音を出しているでしょう。バチを持った手がどうやって動いて音を出しているか。手首で音を出している(手首を使って音を出している)……わけではありません。前腕が動いて(前腕が回外・回内運動をして)、それにつられて手首が動いてバチに伝わり、音を出しています。

それと同じでサービスのリストワークも、手首を使ってボールを打っているのではなく、体→肩→肘→腕と正しく運動連鎖して、エネルギーを徐々に伝えながら、そのエネルギーをどん

✕ 前腕が回らず手首を使っている

手首を使って(手首が折れて)ボールを打っているため、回転がかからない。写真○のような運動連鎖がなく、エネルギーが小さい。手首が折れるためケガの原因となることもある

どん大きくしていった先に手首があります。手首は前腕の回外・回内運動によって自然に返るもので、その先にラケットがあってボールを打っています。

CHECK 2

サービスでリストは使わなくていい 自然な動きで十分

サービスを打つ＝リストを利かす・使うというイメージや意識が強いために、体を回すという大きな運動を疎かにして小さな運動＝リストを使おうとしすぎる傾向があります。

サービスでリストを使うという意識はいりません。正しく運動連鎖すれば勝手に動きます。使おうとすると運動連鎖でつまずき、〝小手先打ち〟になります。小手先打ちとは「手首調子」のサービスで、細い神経が通う手先にたよった打ち方になり、そういうサービスは試合などプレッシャーがかかる場面や、風が吹くなど自然環境が悪いときに受ける影響が大きく、安定しないサービスです。

○ 前腕が回って手首が自然に返る(手首を使っていない)

(体→肩→)肘が出て、腕が伸びながら、腕が回って、手首が返っている。この運動連鎖の中、つまり腕が回っている途中でラケットがボールを打っている。エネルギーが大きくなっていく途中でボールを打っているのだ

フェンスでボールをはさむ練習はやめよう 正しいサービスはフェンスでボールははさめない

CHECK

フェンスに向かってスイングすると動作方向と打球方向が「前」になってしまう

インパクトの確認ということでフェンスを使い、ラケットでボールをはさみ込む練習をしているプレーヤーを時々見かけます。この練習は、写真×のように体・顔の向きともに正面を向いて、厚いグリップで握らなければうまくできない練習です。ところが、薄いグリップ（コンチネンタル）のプレーヤーがこの練習をしてボールをはさむことに専念すると、手首を返して（折って）不自然な形をつく

厚いグリップのプレーヤーの場合

動作方向は「前」　打球方向も「前」

動作方向と打球方向が一致するので、
フェンスでボールがはさめる

コンチネンタルグリップのプレーヤーの場合

動作方向は「右斜め上」　打球方向は「左斜め下」

動作方向と打球方向が違うため、
フェンスでボールははさめない

るか、あるいは厚いグリップに握り替えるしかボールははさめませんので、コンチネンタルグリップで打つサービスを覚えたいプレーヤーは、この練習はすべきではありません。

○ フェンスでボールははさめないのが正解

コンチネンタルグリップのサービスのインパクトは、体・顔ともにほぼ横向きを保ち、右斜め上なので、フェンスでボールをはさむことはできない

フェンスでボールをはさめるのは不正解

フェンスでボールがはさめるなら、それは厚いグリップで打つサービスのインパクト。体も顔も正面を向くため、ボールの真後ろをとらえることになり、回転がかけられない

×

サービスのよいプレーヤーはボールをつかめる サービスの悪いプレーヤーはボールをつかめない

CHECK 1

腕が回転し、ラケットが加速する中でボールはつかめる

サービスのよいプレーヤーに必ずある、空中で「ボールをつかむ」という感触は、ナチュラルスピンサービスをマスターした先に多くのみなさんが共有できるものです。また、この「つかむ」感触が球種をつくるのに必要となります。

サービスは、体の回転をきっかけに大きなエネルギーをつくり出したあと、ラケットを最大スピードが出る方向に振っていかなければなりません。その、ラケットが加速する中で、ボールに正確にインパクトしなければエネルギーは伝えられないのです。インパクトの際の手首はもっとも力が入る一定角度が必要で、手首よりさらに上のラケット面に目をやれば、ボールに対して斜めに接触します。インパクトは運動の終盤にあり、腕が回転している途中、インパクト直前からフォロースルーにかけてラケットが加速していくときにボールをつかみ、腕の回転は続いてボールは離れていきます。

一方、ダブルフォールトの多い、サービスの悪いプレーヤーは、多くがグリップが厚く、腕が回らないため、フォ

セミウエスタングリップのフラットサービス

イースタングリップのフラットサービス

ボールをつかめない

厚いグリップは腕の曲げ伸ばしによって打つため、常に手首がゆるく、また、腕が回転していないためボールがつかめない。ラケット面をボールに対して真後ろから当てるため、つかめず、弾いてしまい回転がかからない。「パンッ!」とか「バコッ!」とか乾いた音が聞こえる

ワードスイングからインパクトにかけてだけにラケットの加速があるため、ボールがつかめません。体を正面に向けて腕の曲げ伸ばしでボールの真後ろをとらえようと調節をするため、「手首がゆるい」という特徴もあります。このサービスは力が入りませんし、回転もかかりません。

CHECK 2

スイングは変えずに体の傾斜を変えて球種をつくり出す

球種をつくるとき——もっとも効率的にボールに力を伝えることができるナチュラルスピンサービスの打法は変えません。打法は変えずに、体の傾斜をわずかに変えることで、ボールに対するラケット面の当たり方が変わり、それにより回転も若干変わって球種をつくることができます。繰り返しになりますが、基本的に打法は「ひとつ」で十分です。

ボールをつかむ

コンチネンタルグリップのインパクトは、手首に一定角度があり、ラケット面はボール（球体）に対して斜めに当たる。「キュッ！」とか「シュッ！」とか湿った音が聞こえる

「補足」写真はインパクトがわかりやすいようにミニジャンボボールを使用しています。

球種をつくるときは、打法は変えずに体の傾きをわずかに変える

ボールをつかむ

動画はコチラ

スイング速度とエネルギーの関係
コンチネンタルグリップのナチュラルスピンサービスの場合

コンチネンタルグリップで打つサービスは、体をゆっくりと回してテークバック。そこから運動を始めて、 肩→肘→腕→手首→ラケット→ボールと徐々にエネルギーを大きくしていき、 最大スピードが出る方向にラケットを加速(右斜め上)、そしてフォロースルー。最大限のエネルギーを出すことができる

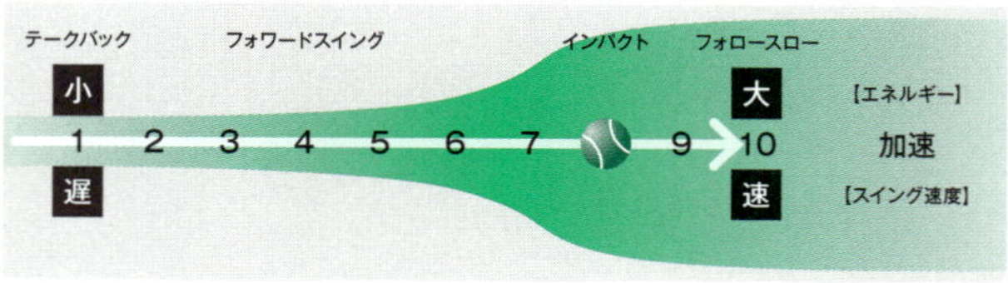

厚いグリップのフラットサービスの場合

スイングの最初のほうがエネルギーが大きいのは、体のひねりを使わず、手でラケットを引く傾向があるため。厚いグリップは、最大スピードが得られるスイング軌道が確保できないので、インパクトをうまくつくろうと、スイング速度は上がるのではなく終盤減速

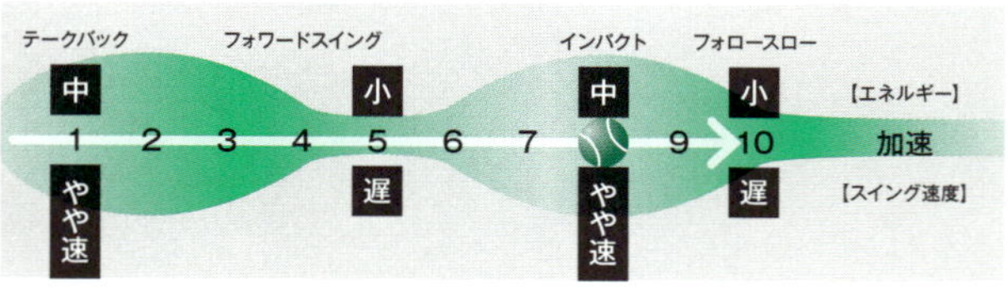

○ ボールをつかむ

よいサービスは大きなエネルギーを下から上（ラケットヘッド）へ順序よく伝えることができる。コンチネンタルグリップのサービスは腕が回転し続ける中で、 ラケット面がボールをつかんで離すため、そのときナチュラルスピンがかかる。「キュッ！」とか「シュッ！」とか湿った音が出るのが特徴

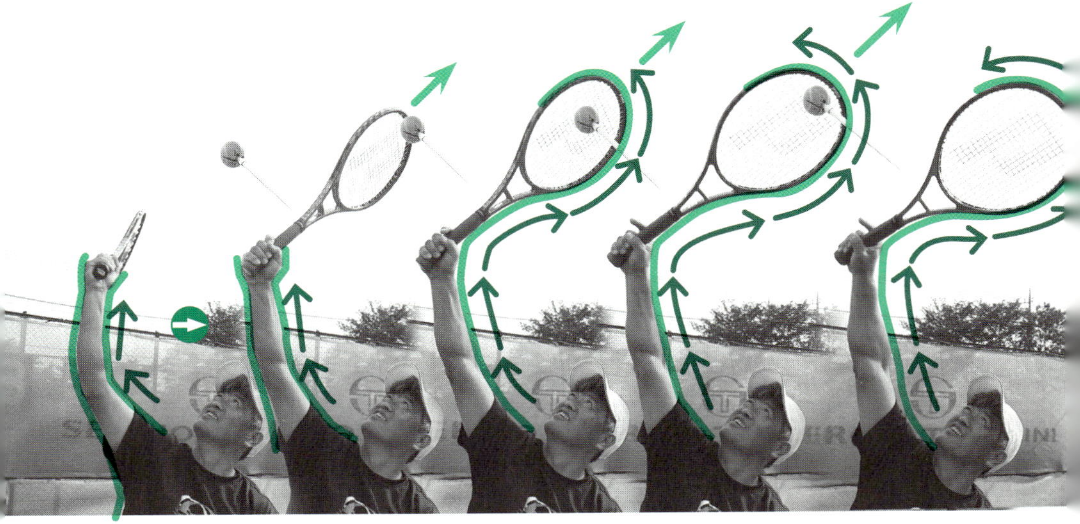

✕ ボールをつかめない

厚いグリップは腕が回転しないため、ラケット面がボールの真後ろをとらえ弾いてしまう。 ボールをつかめないので回転がかからず、「パンッ！」とか「バコッ！」とか乾いた音を出すのが特徴

下半身は余計な問題を起こしにくい 誰もがしっかりした「土台」をすでにもっている

CHECK

下半身はエネルギーを大きくして上半身に伝える役目を担う

下半身そのものは、特に問題を起こさない

下半身の運動そのものはとてもシンプル。片足または両足重心の状態から、腰を切って重心を上に移動する。下半身がつくり出すエネルギーはとても大きい。 この土台に体幹と上半身を加えていく

これまで扱ってきた問題点は、グリップと動作方向・打球方向の関係が中心でした。ですから、ほとんどのページで上半身を解説しており、下半身は触れてきませんでした。

上半身は使う関節が多く、しかもラケット（いわゆる道具）を持つことから、体を機能的に使ってエネルギーを生み出し、そのエネルギーをラケットへ伝え、ボールへ伝えるまでに細かい問題がたくさん発生します。

しかし、下半身は体のみですから余計な問題を起こしません。スタンスに始まる「向き」については修正が必要になることもありますが、基本的に下半身は発揮するエネルギーがほとんど同じなので、むしろ誰もがすばらしい「土台」をすでにもっていると言っても過言ではないでしょう。

ですから、その土台の上にしっかり動作練習した上半身を載せることを目指してください。載せたらあとは、スイッチの入れ方さえ間違えなければ体は勝手に動き出します。

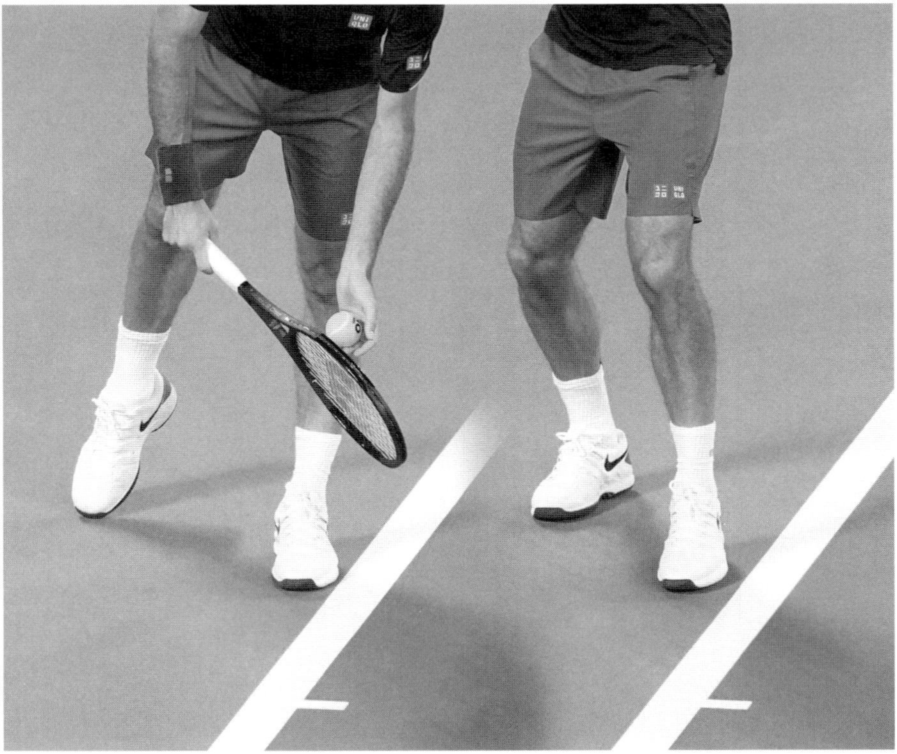

体を横にひねってテークバック上半身と下半身に捻転差をつくる

CHECK

捻転差がないと、運動が小さく大きなエネルギーがつくれない

ほとんど問題を起こさない下半身ですが、グリップが厚いプレーヤーの特徴として、次のような下半身の使い方をします。

グリップが厚いプレーヤーは、体に捻転差がないため(つくれないため)、テークバックすると両足、または後ろ足に重心がきます(写真×)。フォワードスイングのときは体を前に向けてボールを打ちます。初めからオープン気味のスタンスで前を向いて打つプレーヤーもいます。体をひねって戻すという動きがなく、これではパワーが出せません。せっかく誰もがしっかりした土台をもっているというのに、

× 捻転差がない

テークバックで体重が右足に残っており(左足重心ではない)、上半身と下半身に捻転差がない。ボールを打つときに体を前に向けるのはグリップが厚いからで、グリップが厚いサービスの動作方向が「前」。この動きでは大きなパワーは発揮できない

使っていないのはもったいない話です。（基本的にコンチネンタルグリップのサービスを前提にしますが）サービスは左足重心にすることで、上半身と下半身に捻転差（体のひねり）がつくれます。右足の下に台を置くと、左足重心（左足荷重）がわかります。

左足重心で体を横にひねってテークバック、同時に膝を曲げます（写真○）。体幹にひねりが生まれ、上半身と下半身の捻転差がわかります。下半身にエネルギーがたまる感じも伝わってきます。

このあと腰を切ってひねりを戻すと、エネルギーが下から上へ、下半身から上半身へと伝わって、最終的にジャンプする形になります。

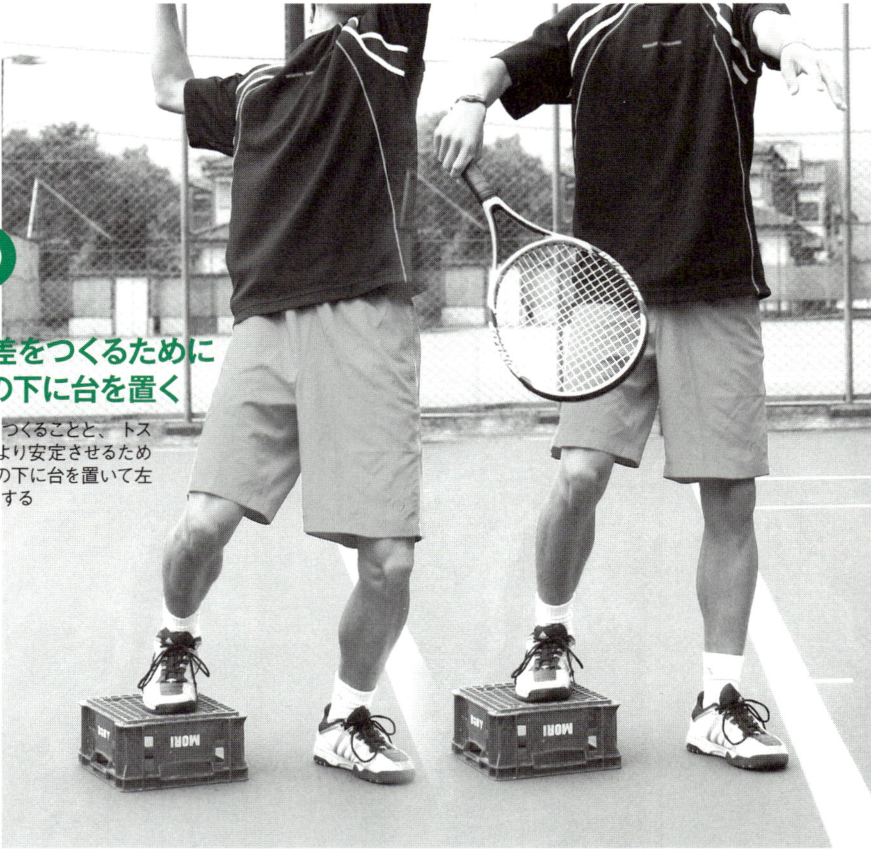

○

捻転差をつくるために右足の下に台を置く

捻転差をつくることと、トスアップをより安定させるために、右足の下に台を置いて左足荷重にする

左足重心をキープする地面を蹴る力によるエネルギーを「上」で使う

CHECK

左足重心を崩すと下半身のエネルギーが分散する

これらの写真はすべてコンチネンタルグリップのサービスで、クローズドスタンスで構えています。テークバッ

○ 重心を「下」から「上」に移動させるために、左足重心をキープする

テークバックのあとは、下半身がためたエネルギーをインパクトへ向けて爆発させたい（ジャンプ）。そのためには重心を「下」から「上」に移動させるために、左足で重心をキープすること

1 左足重心の固定スタンス

2 左足重心の、左足の後ろに右足を寄せるスタンス

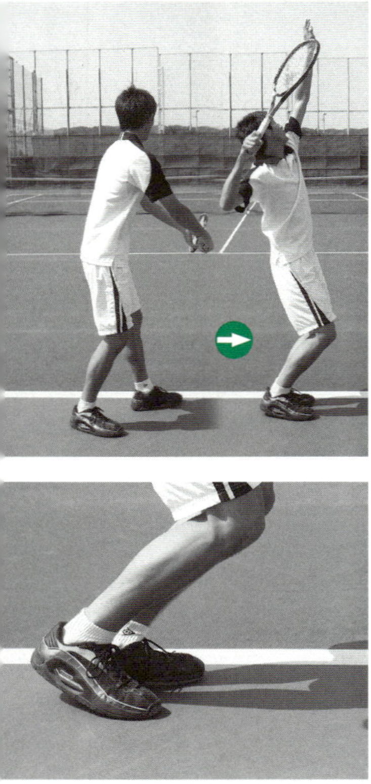

クをして捻転差をつくったところですが、足元を見るとそれぞれスタンスの形が変わっています。

コンチネンタルグリップのサービスの動作方向はプレーヤーから見て「右斜め上」です。テークバックで膝を曲げてエネルギーをためたあとにジャンプして、そのエネルギーをインパクトへ向けて爆発させたいので、重心は左足、または両足でキープしたあと、「下」から「上」に移動させなければなりません。そのためには、

❶左足重心の固定スタンス
❷左足重心の、左足の後ろに右足を寄せるスタンス

ここまでの形をキープする必要があります。ところが、

❸左足を右足が越えるスタンス（重心がズレて右足にある）

❸のようになると、足の位置を見ただけでも想像できると思いますが、このあとジャンプして「下」から「上」に使うはずだったエネルギーが、動作方向が「前」にズレたことにより、分散してしまうのです。

固定スタンスでも寄せるスタンスでもかまいません。ただし、外してはならないポイントは、「左足重心をキープする」ということと「重心を下から上に移動する」ということです。

✕

左足を右足が越えてしまうと重心がズレてエネルギーが分散する原因になる

左足を右足が越えてしまうと、重心が右足（前足）にズレて、フォワードスイングの際に動作方向が「下」から「上」ではなく、「下」から「前」へズレてしまい、エネルギーが分散してしまう

❸ 右足が左足を越えるスタンス（両足重心）

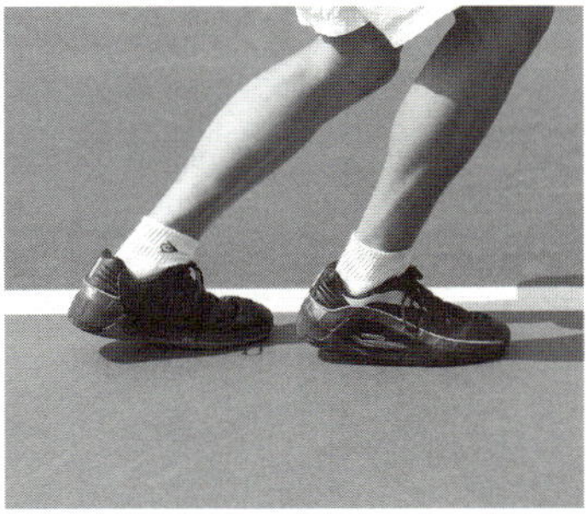

スタンスの重心配分に鍵がある 腰は回すのではなく、腰は切る

CHECK

後ろ足に多少重心を残し、両足を使って腰を切る

スタンスは大きく2つに分けて考えることができます。ひとつは両足を固定するスタンス、もうひとつは両足を寄せるスタンスです(242、243ページ参照)。どちらも「左足重心をキープする」「重心を下から上に移動する」ということを外さないことです。

サービスは大きなエネルギーを「上」で使いたいので、地面を蹴ってジャンプします。ジャンプに際し、スタンスの重心(バランス)を考えてみます。前足が5に対して後ろ足が5、あるいは6対4、7対3など、いずれも左足荷重であるということです。構えから始まり、体幹をひねる、テークバック

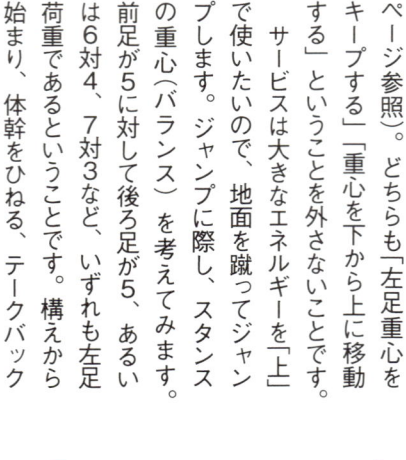

○ 腰を切る＝鋭い動き

両方の足の力で地面を蹴って腰を切り、エネルギーを「上」へ伝える

× 腰を回す＝ゆるい動き

腰を回すと右足が外回りして左足を越え、体が正面を向いて力を「上」に十分に伝えられない

動画はコチラ

では後ろ足に重心が多少残り、フォワードスイングではその両方の足の力で地面を蹴って腰を切ります。そして、地面を蹴る力によるエネルギーを「上」へ伝えます。ひねりを戻すときは腰は切ることが大切で、腰は回しません。

腰を切るということは、右の股関節を左の股関節に鋭くぶつけにいくようなイメージで、そうすると右足は左足の後ろに残り、力が分散しません。それに対し、腰を回すと右足が左足を越えて外回りし、体が正面を向きます。そうするとすべての力を「上」に使うことができず、「前」と「上」に分散してしまいます。

右の股関節を左の股関節に鋭くぶつけるイメージ

地面を蹴って大きなエネルギーを「上」に伝えるためには、腰は回すのではなく、切る。右の腰を左の腰へ、またはもっと内側の右の股関節を左の股関節へ、右から左へ、右下から左上へ鋭くぶつけるイメージ

サービスは大きなエネルギーを「上」で使いたい。そのためには重心は多少後ろ足に残しておく必要がある

股関節を曲げてサービスを始める構えがトリガー（動作のきっかけ）になる

CHECK 1

構えたとき股関節を伸ばしていると重心が高くなり手打ちになりやすい

最後に全身運動につながる鍵として、構えたときに股関節を曲げておくことをアドバイスします。股関節を曲げて構えたところからサービスを始めると、重心が低くなり、体の中心から運動を始めやすくなります（写真○）。反対に股関節を伸ばして（直立して）構えたところから運動を始めると、重心が高くなるため上半身（腕）主導の手打ちになりやすいです。重心は上下動してしまいます（写真×）。

サービスは上半身と下半身が連動して動き、一連のムチ運動になります。そのムチ運動の根幹にあるのが股関節の曲げです。股関節を曲げて構えることは、サービスのトリガー（動作のきっかけ）と言ってよいでしょう。

CHECK 2

股関節を曲げて体を少し前傾させておくと重心を低く保て、体の中心からエネルギーを出せる

トスアップをする際は上半身がメインの運動となるため、重心が上に上がりやすくなります。そのとき下半身も連動していて、膝を曲げて地

×
股関節を伸ばして構える

股関節を伸ばした直立した状態からトスアップを始めると、重心が高く、上半身主導の手打ちになりやすい

動画はコチラ

面を踏み、エネルギーをつくり出そうとします。この両方を同時に行ってエネルギーを大きくしていきます。

上半身の動きにつられて重心がすべて上に上がってしまうと、力は分散して大きなエネルギーにつながりません（写真×）。

最初に股関節を曲げて体を少し前傾させて構えると重心を低く保て、そこから動き始めると、体の中心からエネルギーをつくり始め、運動が続いていくと、より大きなエネルギーにしていくことができます（写真○）。

股関節を曲げておくことは予備動作になる

股間節を曲げておくことによって重心を低くキープでき、大きな力を生み出すための予備動作がつくれる。上半身を横にひねってトスアップが始まり、同時に下半身は膝を曲げて地面を踏むことでエネルギーのタメがつくれる

○

股関節を曲げて構える

サービスを打つ前、ボールを地面についているときから股関節を曲げておくと、上体の力が抜ける。そこから動き始めると、体の中心からエネルギーをつくり始められる

CHECK 3

下半身を使って全身運動をスムーズに大きなエネルギーを生み出そう

股関節の曲げ伸ばし

スクワットジャンプまたはカンガルージャンプ(しゃがんだ状態からジャンプ)。下半身を十分に使って高くジャンプする

体のひねり戻し

両足をそろえて体のひねり戻しで、でんでん太鼓の動き。指先まで力を滑らかに伝える

スタンスを広げ、股関節・膝の曲げ伸ばしを使って体のひねり戻し

両足を広げて、体のひねり戻しに股関節・膝の曲げ伸ばしも使ってでんでん太鼓の動き。全身運動を導き、指先まで力をしっかり伝える

股関節を曲げて体をひねり、地面を蹴ってジャンプ(反対サイドへ)

ラテラルジャンプ。アレーなどを使いラインからラインへ、股関節を曲げて体をひねり、地面を蹴って力をもらい反対サイドへジャンプ。片足でしっかり着地する。連続して行い、重心を変えながら全身運動の連動性を身につける

PART 7

10の局面に分けてわかりやすく

サービスドリル50［超基礎編］

ナチュラルスピンサービスをマスターするドリル50の利用方法や注意点

ナチュラルスピンサービスは誰にでも打てるサービスですが、一連の動作をしっかり身につけるまでには時間を要します。体を正しく効率的に使うことがナチュラルスピンサービスの〈基礎〉ですが、すでに多くの癖が身についていたり、間違った動きをしていることに気づかず反復練習をしていることも少なくありません。

そこでここからご紹介するサービスドリル50は、右の表のように10の局面に分け、それぞれを上達させるドリルを5つずつ割り当てました。局面を分けて練習することによって運動がやさしくなり、間違いにも気づきやすく、修正もしやすくなります。ナチュラルスピンサービス習得へ方向性を間違わなければ、練習するほどよりよいサービスになっていきます。

これらの練習をするにあたってひとつ注意点があります。局面ごとに分けて行っていきますが、最終的にはすべてが一つの運動になるということを忘れないでください。サービスはダイナミックさ、スイングの加速などが必要で、そのためには運動の流れ、運動連鎖がとても大切なのです。

テニスは生涯にわたり「上」を目指していけるスポーツ。サービスも、よりよくなる挑戦を続けてください。

1	グリップ、構え、スタンス編
2	テークバック編
3	トス編
4	切り返し編
5	フォワードスイング編
6	インパクト編
7	フォロースルー編
8	イメージ編
9	スイング編
10	加速編

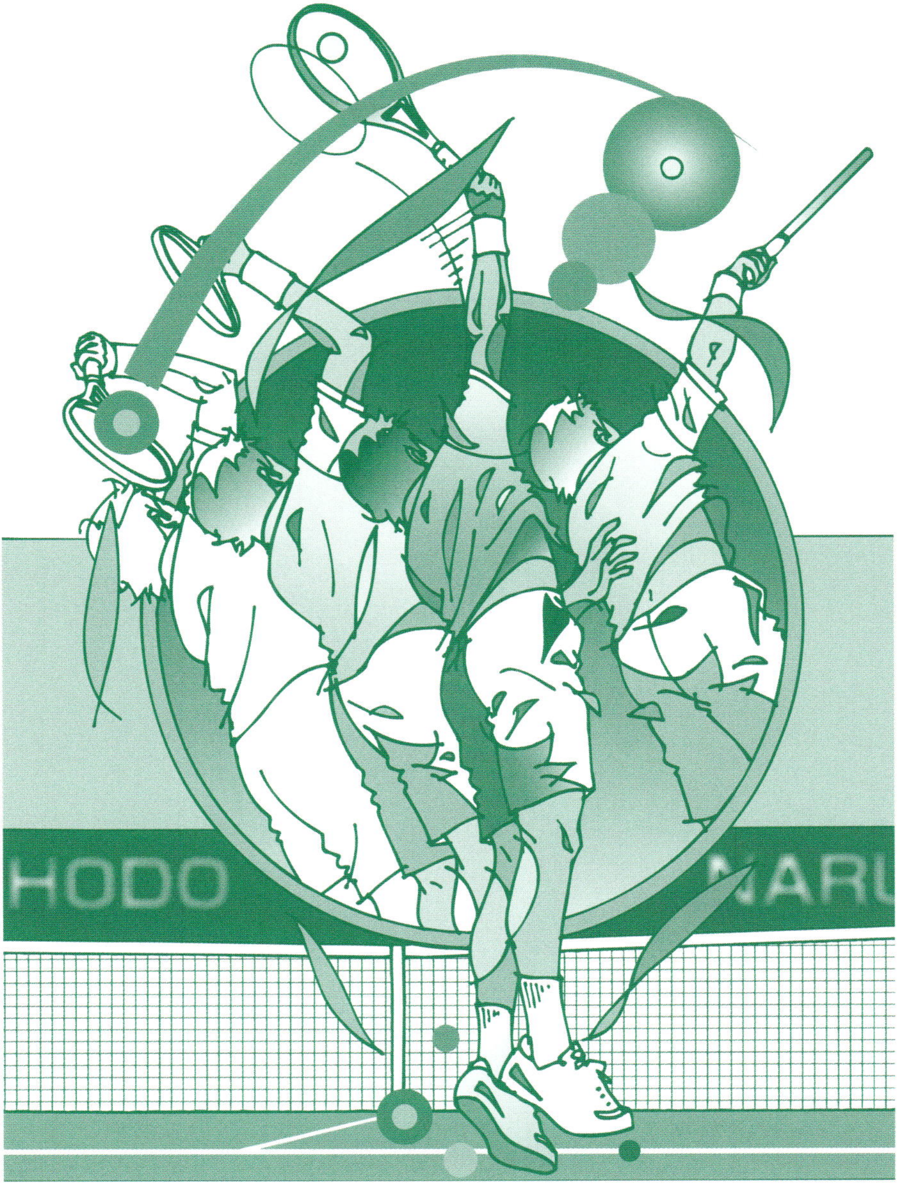
HODO
NARU

動画はコチラ
ドリル01-05

ドリル

01 定規持ち

　ナチュラルスピンサービスのグリップはコンチネンタル（薄い）グリップです。体の正面にラケットを斜めに置いて握りましょう。そのときの手首の形はインパクトの形でもあります。

　定規のように薄いものを持つとイメージがしやすいです。親指と人差し指の間に“薄く”はさんで持つのが自然。これがコンチネンタルグリップの感覚で、包丁持ちとも言われています。ラケットのグリップと定規をいっしょに握って軽く振ってみてください。うちわや体温計を振るように腕が回せることがわかります。その腕が回っている途中で、ラケット面がボールに斜めに当たるとスピンがかかります。

定規を幅広の状態で上から握る。ラケットのグリップと定規をいっしょに握って振れば、ラケット面をボールに厚く当てることになり、腕が回せない。スピンもかからない

ラケット（定規）を斜めにして、はさむように握る

薄いグリップで親指の間に定規をはさんで振ると、腕が回る

局面
1
2
3
4
5
6
7
8
9
10

動画はコチラ
ドリル01-05

ドリル

02 コートに“くの字”

コンチネンタルグリップ（薄いグリップ） で握り、クローズドスタンスで、さらに相手のほうを向いて構えれば、ラケットヘッドは左方向を向きます。そのとき手首の形は“く”の字となり、これはインパクトの形でもあります。

グリップが厚い人は、構えたときにラケットヘッドが前方か、右方向に向くことが多いです。そこで薄いグリップを覚えるときは、ラケットヘッドが左方向へ向くように構えましょう。ただし手首を折り曲げては意味がありません。ドリル 1を参考に握ります。そしてテニスコートに“く” の字を描くか、目標物を“く” の字に置いて、それにグリップが重なるように構えます。

コートに“く”の字を軽く描くか、目標物を置く

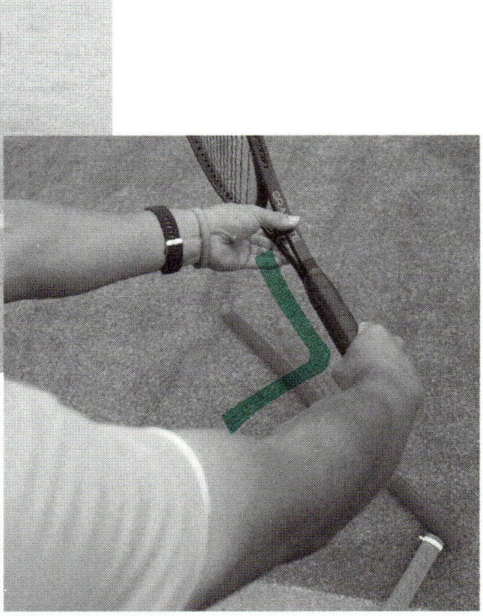

薄いグリップは手首が“く”の字になる
（インパクトの形でもある）

動画はコチラ
ドリル01-05

ドリル

03 4個缶はさみ

テニスボールの 4個缶を横にして両腕ではさみ、ラケットヘッドが左方向を指すように構えます。そうすると胸の前に長方形のスペースができ、この形を崩さないように体をひねります。すると両肩と両腕が同期して体のひねりが行えます(テークバック)。構えたときにグリップを強く握る人や、肩や腕に力が入ってしまう人にこの方法はおすすめです。正しい構えによってリラックスできます。また、腕だけでテークバックをする人(写真×)も、正しい構えから体をひねってテークバックをする方法が学べます。

腕だけでテークバックをする人は、両腕ではさんだ缶を動作スタートと同時に落とす

両腕で缶をはさみ、胸の前のスペースを維持したまま体をひねってトスを上げる。すると缶は横に落ちる

動画はコチラ
ドリル01-05

ドリル

04 斜めテニスコートスタンス

プレーヤーは斜め上方向に向かうテニスコートをイメージします。そのコートに対して構えるとクローズドスタンスに違和感を感じません。そして台に上ったパートナーが持つラケット面のほうへ向かって動作します。

ナチュラルスピンサービスの動作方向は斜め上方向です。斜め上に向かって腕が回り続ける中で、ラケット面がボールを斜めにとらえ、腕がさらに回り続けることでスピンがかかります。斜め回転がかかったボールはネット方向へ放物線を描いて飛んでいきます。動作方向と打球方向が違うのです。

テニスコートを前方下に見ると、目線も動作も前方へ低くなりがち

斜め上の仮想テニスコートに対してクローズドスタンスで構える。パートナーのラケット面の方向へ動作をする

斜め上方向のテニスコートに向かって動作すると、ラケット面がボールに対して斜めに当たり、斜め回転がかかる。動作方向と打球方向が違う

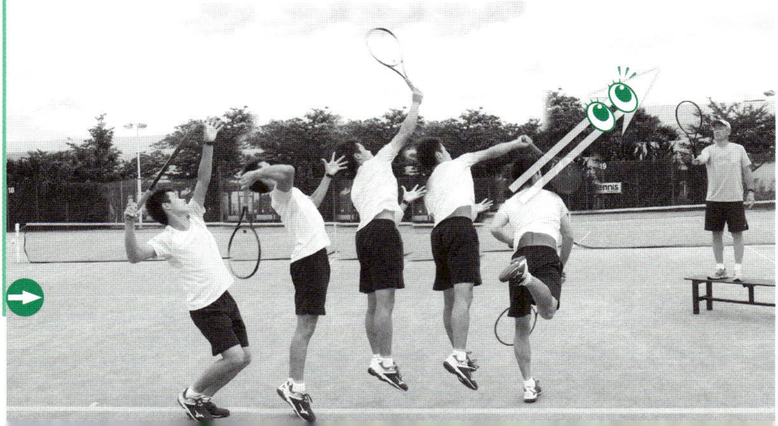

動画はコチラ
ドリル01-05

ドリル
05 缶蹴らないサービス

ナチュラルスピンサービスはクローズドスタンスで構え、横向きになります。動作は斜め上方向に向かって行います。動作方向は斜め上、打球方向は斜め下です。足元に置いたボール 4個缶を倒すことなく、横向きのままジャンプできます。

ところが打球方向へ動作したい人は、後ろ足が前に出てくる傾向があります。そういう人は足元に置いたボール 4個缶を倒してしまうでしょう。その後のスイングは体が正面を向いて、動作方向が前方向になります。後ろ足が前足を越えないように、ボール缶を蹴らないように体の横向きを保ちます。

前方向に動作しようとすると、後ろ足が前足を越えて缶が倒れる

斜め上方向に動作すると、後ろ足は前足を越えず横向きのまま

動画はコチラ
ドリル06-10

ドリル
06 ゴロキャッチ＆スロー

サービスを覚える際に一番重要な練習はピッチングと考えます。グローブと軟球を用意しましょう(学生はマイグローブを持っています)。テニスボールより、重さがあるボールを使ったほうが腕を振りやすく、投げやすくなります。それから肩、肘、腕、手首などの位置と、連動も理解しやすく、手首だけで投げることを防ぐことができます。

2人 1組となり、ひとりはゴロを転がして、もうひとりがそれを拾い上げてサイドスローで投げ返します。ゴロを拾い上げて投げる動作がサービスのテークバックから切り返し動作です。

拾い上げるときは両腕、両肩を後方にひねり上げて、ひねりを戻して送球

動画はコチラ
ドリル06-10

レベルに応じて下手投げ

ボールを捕球したら、 間を空けずに体をひねる。両腕、両肩を同期させ、肘を高くテークバック

ボールを体の正面でキャッチしながら、体を横ににひねり、すぐにひねりを戻して送球

ドリル
07 斜めキャッチ&スロー

3人 1組でキャッチボール（グローブと軟球を使用）を行います。三角形になって順序よく捕球と送球を行います。ボールが斜め方向から飛んできたときには、捕球をしながら体をひねることで、後方へ深くひねれます。

飛んでくるボールの方向を向いて、体の正面でボールをキャッチするようにします。そうすることで深くひねることができ、続いて投げる約束の方向へ体をひねり戻します。ボールを捕ったらすぐに投げる、体をひねって戻す動作を止めないように。キャッチ&スローを全身が連動するように行います。

動画はコチラ
ドリル06-10

ドリル
08 キャッチボール即返球

2人 1組で高速でキャッチボールを行います。ボールを速く投げるというより、動作そのものを高速で行ってください。捕球して送球までの時間を短く、しかし体のひねり戻しは十分に、素早く行います。

両肩、両腕は同期します。トスアップ、テークバック、切り返し、フォワードスイング、フォロースルーと、サービスとまったく同じ動作です。違うのは動作方向だけ。動作を連動させて、それを高速で行えるようにするために、このキャッチボールをうまく活用してください。

送球したボールが相手のグローブでバチンッ!とよい音を鳴らすように、お互いに体のひねり戻しを上達させる

動画はコチラ
ドリル06-10

ドリル

09 素振り（パワーストローク）

素振り専用器具『パワーストローク』で素振りをします。グリップのついたフレームの真ん中には、“動くおもり”があり、このおもりの動きで重心の位置を確認できます。構えたときはおもりが手元にあり、その状態のまま体をひねってテークバックすると力をためることができます。そしてフォワードスイングへの切り返しで、左手を引き、右手を誘導すると、おもりが先端に移動して「カチッ！」と音が鳴ります（写真○）。ここからスイングが加速します。

一方、腕で引くテークバックでは開始早々に手首が解けておもりが先端に移動。体のひねりがつくれず、腕でボールを打つことになります（写真×）。

体のひねりでテークバックすると、おもりは手元にある。フォワードスイングへ切り返すときにおもりが先端に移動する

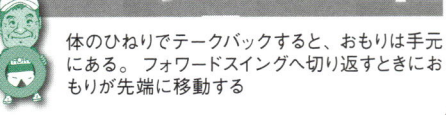

『パワーストローク』
（内田販売システム）

腕でテークバックすると、おもりはすぐに先端に移動

局面
1
2
3
4
5
6
7
8
9
10

動画はコチラ
ドリル06-10

ドリル

10 バランスボールリフト

正しいテークバックを覚えます。クローズドスタンスでバランスボールを両手で持ち、体幹をうまく使いながらテークバックをします。体のひねりに合わせて、ボールは後方へ持っていきます。そのとき肘の角度は90度くらい。テークバックで一瞬静止し、そこからボールの位置は変えずに体のひねりを戻すと、肘が前に出てきてフォワードスイングへの切り返し動作となります。腕の通り道を確認することもできます。

体をひねってテークバック。ボールは体の前を通って顔の前まで

動画はコチラ
ドリル11-15

手首と肘が横を向くとボールを高い位置でゆっくりと放せるので、加速せず安定する

ボール2個を横向きに持つ

手のひらを横向きにすると、手首と肘も横を向いてロック状態となり、腕が真っ直ぐ上がる

手首を使い、さらに肘が下を向くため曲げて使う

手のひらにボールを乗せるため、ボールが転がる

低い位置から手首を使って放り投げると、ボールが加速する

ドリル

11 ボール2個持ちトス

トスが乱れるとサービスの精度も悪くなるため、正確にボールを上げる練習が必要です。トスが乱れる人の多くはボールの持ち方に問題があり、一番多いのが手のひらを上向きにして乗せるタイプ。その状態ではボールが転がってしまいます。また手首が使える状態のため高く放ったり、肘が下を向いて曲げられる状態のためトスが乱れます。

正しくボールを持ってトスアップを行います。ボールを 2個持ち、先端の 1個を使うようにします。手のひらを横向きにすると手首、肘がロックした状態(使えない状態) となり、ボールを高い位置で離せるため加速せず安定します。

動画はコチラ
ドリル11-15

ドリル

12 左手プロテクター

手首を使ってトスを上げる人は、ボールがいろいろな方向へ高く上がります。そこで、ボウリング場で売っているプロテクターをトスを上げる左手に装着して、手首を使わないようにします。

プロテクターをすると手首が後ろに曲がらなくなり、手のひらでボールを持つことができなくなります。そこで手のひらを横向きにボールを持つことになります。これで手首を使わずにゆっくりと上げ、高い位置でボールを離すことができるので、加速して高く上がることがなく、トスが低めに安定します。

ボウリングプロテクターを装着すると手首が曲がらないため、手のひら、肘を横向きにして、腕を伸ばして上げられる

動画はコチラ
ドリル11-15

ドリル
13 トスアッププライン

バンザイ型のスイングをする人はトスを前から上げます。前から上げると体のひねりが使えず、動作方向と打球方向が同じとなってスピンがかかりません。

そこでベースラインをうまく活用して、体をひねりながらのトスアップを練習します。トスアップの腕の軌道をイメージするため、ベースライン上に目印を置きましょう。構えたあと、体を横にひねって腕をベースラインに沿うように(横) から上げて、斜め前へと上げます。

体をひねり、腕を横から斜め前へ上げるとトスは放物線を描く

体のひねりがなく
前からまっすぐ上に上げる

動画はコチラ
ドリル11-15

ドリル
14 トスアップをフェンスに描く

トスを前から上げると低い位置から放り上げるため、ボールが加速して高く上がります。さらに落ちてくるときも加速しているためコンタクトがむずかしくなるばかりか、前を向いて打球するため回転がかかりません。

そこでトスアップは横から上げます。フェンスにトスアップの正しい軌道をイメージしてボールをはさみ(これを行うことで正しいイメージがあるかどうか確認できます)、そのボールの軌跡を追うようにトスアップの練習をします。

打点が高い

トスアップのボールを
フェンスに描いてみよう

打点が低い

● 比べてみよう ●

❶ボールを放す
❷トスの高さ
❸トスの速さ
❹トスの軌道
❺打点の高さ
❻体の向き

横から上げるトスはリリースポイントが目線の高さでゆっくり上げられるため、ボールが加速せず、全体的に低くなってコンタクトしやすい

前から上げるトスはリリースポイントが低く、しかもボールが加速するため、落下してくるボールにコンタクトするのが難しい

動画はコチラ
ドリル11-15

ドリル
15 バスケットゴールトス

トスは体をひねりながら横方向から前へ上げ、放物線を描きます。そこで、バスケットボールのゴールをインパクトに見立てて設置し、トスアップしたボールが放物線を描いてゴールに入るように練習します。サービスを打つつもりでクローズドスタンスで横向きに構えて、トスアップしてください。

一方で、体をひねらず前を向いてトスアップする人は、ゴールは前になります。そこにボールを入れようとすれば、腕を下から上に真っすぐ上げなければ入りません。それをするとボールが加速してむずかしくなります。ゴールに入れるには低い位置で手投げをすることになってしまいます。

トスを前から
真っ直ぐに上げる

トスを横から前へ、放物線を描くように上げる

動画はコチラ
ドリル16-20

ドリル
16 吊革サービス

サービスの一連の運動の中でもっとも抜けやすいのが、肩を回す運動です。テークバックからフォワードスイングへの切り返しで、肩は回ります(内旋、外旋、内旋)。

それを電車やバスの中にある吊革につかまって再現します。最初に吊革につかまった状態がテークバックです(内旋)。吊革を持った状態から体が前を向くと〈切り返し〉が起きます。体を回転させると右肘が前に出て、肩が外旋します。これでフォワードスイングに続きます(内旋)。

肘の角度は 90度を保ち、吊革につかまって揺らぎを感じながら〈切り返し〉を体験しましょう。

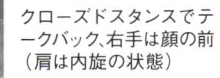

クローズドスタンスでテークバック、右手は顔の前(肩は内旋の状態)

吊革を持ったまま(右手の位置を変えずに)体を回すと、右肘が前に出てきて肩が外旋する

動画はコチラ
ドリル16-20

ペットボトルを持ち上げてテークバック。水をこぼさないように
フォワードスイングへ切り返す

動画はコチラ
ドリル16-20

うちわの表面に横文字、裏面に縦文字を書いておく。正しい切り返し動作が行われるとフォワードスイングで横文字が読め、フォロースルーで縦文字が読める

ドリル
17 ペットボトル切り返し

テークバックからフォワードスイングに入るための〈切り返し〉は非常に重要です。そのときの腕の動き、肩の動きがわからない方におすすめの練習がこれです。大学野球部に教えてもらいました。水の入ったペットボトルを用意します（野球部は湯飲みを使用）。

屈んで、右足前方にペットボトルを置いてください。右手を内側から入れて外側に向け、ペットボトルを握ります。そして水がこぼれないように肘を高く持ち上げて（これがテークバック）、そこから軽く体を回しながら、肩を回しながら、水をこぼさないように切り返して肘を前に出します（フォワードスイング）。

水をこぼさないで切り返す

ドリル
18 うちわサービス

テークバックからフォワードスイングへ切り替える場所が〈切り返し〉です。テークバックからフォワードスイングへ加速をしたいので、ある程度の静止とともに正確に切り返しを行う必要があります。肩、肘、腕の回転が続くようにします。それが続くことでエネルギーが大きくなりながら伝わっていきます。

うちわをコンチネンタルグリップの末端ではさみ、テークバックからフォワードスイング、インパクト、フォロースルーと続けて素振りをしてみてください。うちわが体のどこにも当たらずにきれいに回転すれば、正しい切り返しができています。うちわによってスイングが可視化できます。

うちわが回らない

厚いグリップでうちわをはさんで素振りをすると、切り返しのあとインパクトからフォロースルーでうちわが腕に当たる

動画はコチラ
ドリル16-20

角棒で素振りをすると面が回転するのが見えて、運動を確認しやすい

動画はコチラ
ドリル16-20

ドリル
19 シングルススティックサービス

四角いシングルススティックでサービスの素振りをします。「面」がある角棒は正しいスイングができているかどうか可視化できます。

シングルススティックの真ん中くらいをコンチネンタルグリップで持ち、サービスの素振りをしましょう。テークバックからフォワードスイングへの〈切り返し〉では、スティックの先端を反対側の端と入れ替えて肘が前に出てくるようにします。そして最後まで腕を回し続けましょう。面も回転し続けます。

角棒をコンチネンタルグリップで持つ

ドリル
20 ボール缶スロー

プラスチックのボール缶４個入りを利用します。ボールを中にひとつだけ入れ、サービスモーションをします。テークバックのあと一瞬の静止状態から、体を回してフォワードスイングへ切り返します。体を回すと続いて肩が回り、腕が回っていきます。そしてボールには右方向へのエネルギーが働いて、斜め上方向に飛び出します。正しい切り返し動作ができるとボールは前方高くへ飛び出します。

テークバックのあとの切り返しで体を回すと、肩が回り、肘が前に出て、腕が伸びて回り続ける中でボールが飛び出す

動画はコチラ
ドリル21-25

ドリル
21 ロケットフットボール投げ

フォワードスイングを鍛えるには投球動作がさらに重要になってきます。ボールを投げたあとも腕が回転すること。それを目で見て確認できるのが羽がついたロケットフットボールです。

ボールには縫い目がついているので指が引っかかるように合わせ、できるだけ後方部分を持つようにしてください。野球の投球動作、サービス動作もそれと同じで、体をひねってテークバックして投げます。ボールを離すときに縫い目に指が引っかかりますので、そのときうまく前腕を回すと、きれいに回転がかかって遠くまで投げることができます。アメリカンフットボールのクオーターバックをイメージしてください。

きれいに回転して遠くへ飛ぶ

縫い目に指を合わせて持つ。テークバックから切り返してフォワードスイングへ、動作が正しければ、ボールがきれいに回転して遠くまで飛ぶ

局面
1
2
3
4
5
6
7
8
9
10

体力に応じて、ジュニア、シニア、女性は軽めの500gからでもOK

動画はコチラ
ドリル21-25

ドリル

22 メディシンボール投げ

1 kgの柔らかな砂入りのメディシンボールを使います。非常に重たいので遠くへ、速いボールを投げる必要はありません。メディシンボールを持ったままで素振りをして、最後にボールを軽く放り投げます。

テークバックしたあとはメディシンボールを支点に切り返してフォワードスイングに入ります。体を回すと、肩が回り、肘が前に出るので、そこで腕を振り、腕を回し続けます。腕がムチのように動くのを理解するのに有効です。

オープンスタンス

2人は10m前後離れ、直接ボールをキャッチしないように

両足を閉じる

全身を使ったムチ運動で軽くボールを投げる

動画はコチラ
ドリル21-25

ホースが斜めにクルクル回りながら遠くに飛ぶように投げよう

動画はコチラ
ドリル21-25

楕円球の縫い目に指を合わせ、
後方部分をつかむ

グローブを着用しながらキャッチボールをしよう。素手でキャッチしないこと

ドリル
23 ホース投げ

ホースを用意します。50cm、75cm、100cmと、いろいろな長さのホースをうまく投げることで正しい運動を体にインプットします。ホースの長さによって必要とするエネルギーも変わり、長いホースになると下半身からエネルギーをつくって上半身へ伝える必要があります。

ホースを投げる（離す）場所ですが、一番体にストレスがかからず、ケガもないところ、腕を斜めにバンザイするように上げたところです。そこを腕が通るように練習します（関連ドリル 30）。サービスは縦に振るイメージが強いのですが、実は斜めに振っています。その動作がベースです。

正しい腕の通り道は斜めにある

ドリル
24 ミニフットボール投げ

アメリカンフットボールのミニチュア版など、小さな楕円形ボールを使って投球動作を行います。キャッチボールを行いますのでグローブも用意してください。ここではフォワードスイングを確認していきます。

楕円形ボールの縫い目に指を引っかけ、後方部分を持ちます。投げるときはテークバックから切り返して、フォワードスイングでボールを投げていきますが、ボールを離すときに指を縫い目に引っかけながら腕を回すと、回転がかかって方向性も定まり飛んでいきます。楕円球でボールの回転と動作方向が確認できます。

正しい腕の通り道は斜めにある

動画はコチラ
ドリル21-25

ドリル
25 野球トレーニングボール投げ

ミニフットボールよりも重たい野球の矯正用トレーニングボールを使います。さらに小さな楕円形ボールで重さがある分、遠投ができます。グローブも用意してください。

このボールも縫い目がありますので指を引っかけて、なるべく後方部分を持ちます。テークバックから切り返してフォワードスイングでボールを投げるときは、腕を回し続けることでボールが回転するとともに、方向性が定まります。

ボールの先端部分が相手のほうを向いて回転していくように、腕を回しながら投げる

楕円球の縫い目に指を合わせ、後方部分をつかむ

ボールの真後ろを打つ

地球儀の真後ろを打つ（回転がかからない）

下から上に擦り上げる

地球儀を下から上に擦り上げる（縦回転）

右を擦る

地球儀の横を擦る（横回転）

動画はコチラ
ドリル26-30

ドリル

26 地球儀サービス

小型の地球儀を用いてインパクトのイメージをつくるドリルです。ナチュラルスピンサービスは地球儀の北半球の部分を叩いて地球儀を回します＝回転がかかったボールは放物線を描いて飛んでいきます。

スピンをかけるというと手で下から上へ擦ったり、横へ擦ったりするイメージを持っている人が多いです。擦ってスピンをかけるのではなく、叩いて回転をかけるイメージを持ってください。

動作はひとつ。体の傾きを変えることで球種をつくる

地球儀はもともと水平面に対して斜めに傾いているので、叩くことで回る。
ボールに回転をかけるイメージができる

動画はコチラ
ドリル26-30

ドリル

27 右手プロテクター

　ボウリングのプロテクターを利き手に装着して手首を使えないようにします。コンチネンタルグリップで握り、前腕の回転を確認する素振りをしましょう。この状態でボールを打つことは危険ですので、あくまでもスイング矯正の素振りだけにしてください。インパクトの形（くの字）と前腕の回転を確認し、腕が回っている途中にボールを斜めにとらえ、腕が回り続けるとスピンがかかります。

　手首を使う人（使いすぎる人）の矯正におすすめです。手首を使う人は、体の回転運動が使えていないことが多く、腕も回せません。ナチュラルスピンサービスは運動連鎖の終盤でインパクトのあとも腕を回し続けることが大事です。

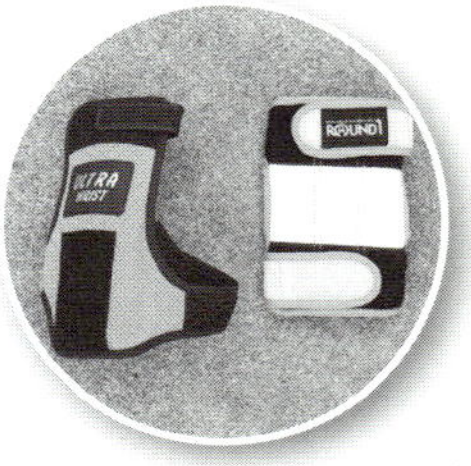
ボウリングプロテクター

プロテクターを装着することで手首を使いにくく、前腕を使いやすくしている

動画はコチラ
ドリル26-30

ドリル
28 ビーチボールサービス

ビーチボールを打ちます。厚いグリップや普通のイースタングリップでスイングする人は、ボールの真後ろをとらえるので回転がかかりません。コンチネンタルグリップの人はクローズドスタンスで、体をしっかり回し、肩、腕を回してスイングをします。腕を回す途中にインパクトがあり、ボールを斜めにとらえます。

腕を回し続けることでボールには斜め回転がかかり、放物線を描いて飛んでいきます。ボールが大きいので、ボールを斜めにとらえること、斜め回転をしてボールが飛んでいくこと、腕を回していく途中にインパクトがあることを目で確認できます。正しい回転のイメージがつきやすいです。

回転がかからない

厚いグリップで腕が回らない。ボールの真後ろをとらえるのでアンダースピンがかかる（ボールがホップする）

回転がかかる

コンチネンタルグリップで腕を回して打つと、ボールは斜め回転がかかり、放物線を描いて飛んでいく

動画はコチラ
ドリル26-30

ドリル
29 座って傾くサービス

腰を下ろし、ラケットを短く持ってサービス練習をします。腰を下ろすとネットという障害物が高く感じられ、ボール軌道を高く調整する必要が出てきます。そこで打法は変えずに体を45度くらい傾けて、ボールを打ち出す方向を斜め上に変えます。

下半身を固定しているので、上半身の回転と腕の使い方に集中できます。サービスエリアへボールを飛ばすには、打法は変えず体を傾けて打ち出します。斜め回転がやや縦回転になり、放物線を描いて飛んでいます。

サービスラインから打ち始めよう

サービスボックスを狙うとき、打法は変えずに体を傾け、放物線を調整する

イスを使うと打点が少し高くなる

ドリル

30 オープンスタンスサービス

動画はコチラ
ドリル26-30

オープンスタンスで立ち、コンチネンタルグリップでフルスイングでボールを打っていきます。正しい腕の通り道を確認しながらスイングを加速し、さらにボールにパワーを加える即効性のあるドリルです。コートにボールを入れるなどは気にしません。体のひねり戻しはもちろん使って、さらに下半身からの連動性が重要です。正しい腕の通り道はどこか、一番力が入る、体に負担の少ない場所、そこがインパクトです。そこを探していきます。

トスを横から上げて体をひねる。頭がぶれないように真っすぐに立ったままフルスイング。ボールは左斜め下方向へ飛んでいく

正しい腕の通り道はココ(斜め)

バンザイ

腕が耳に近くて窮屈。ここは腕の通り道ではない！

斜めにバンザイした場所が
正しい腕の通り道

動画はコチラ
ドリル31-35

ドリル

31 シート掛けサービス

ネットミスが多い人はネット越しにサービスボックス(またはエリア) を見ていて、インパクト点とサービスボックスを真っすぐに直線で結び、上から下に打球しています。あるいはサービスボックスに対して打ったボールの行方を目で追って、体が前向きとなり、動作が低くなっていることなどが考えられます。

そこでネットにシートを被せてサービスボックスが見えないようにします。見えない場所にサービスを打つには、ボール軌道は放物線でなければなりません。そうすると自ずと目線は高くなり、動作方向も高くなって、ボールを斜め上に打ち上げる打法になります。

ネットにシートを被せてサービスエリアが見えないようにする

サービスエリアまでのボール軌道をイメージすると放物線である必要がある

動画はコチラ
ドリル31-35

ドリル
32 サッカーボールスロー

正しい腕の通り道を知ることが重要です。サッカーボールを両手で持って後頭部の後ろに掲げ、前方へ向かって投げます。投げる際は､肘を90度くらいに曲げて開き、斜めの方向へ腕を回すとボールを遠くへ飛ばせます。遠くへ飛ばせる位置が正しい腕の通り道です。フォロースルーでは腕は回って、手のひらが外側を向きます。

肘を開いて斜め方向へ腕を回すと、大きな力が出せてボールを遠くへ飛ばすことができる

腕が耳に近く、肘を曲げて伸ばすと、腕が最後まで回らずボールを遠くへ飛ばせない

動画はコチラ
ドリル31-35

ドリル
33 フェンス越えサービス

フェンスの外からサービス（またはエリア）を打って、サービスボックスを狙う練習です。高いフェンスを飛び越して、打ちたい場所にボールを落とすには、放物線を描いたサービスが必要です。それを打つためには必然的に斜め上方向を向いて、上に向かって動作しなければできないので、自然にサービスの正しい動作方向、ナチュラルスピンの回転が覚えられます。

障害物を越える

体の傾きも大切

フェンスの外から放物線を描いたサービスを打ち、サービスボックスを狙う

動画はコチラ
ドリル31-35

ドリル
34 素振り（ウィンボール）

『ウィンボール』
（内田販売システム）

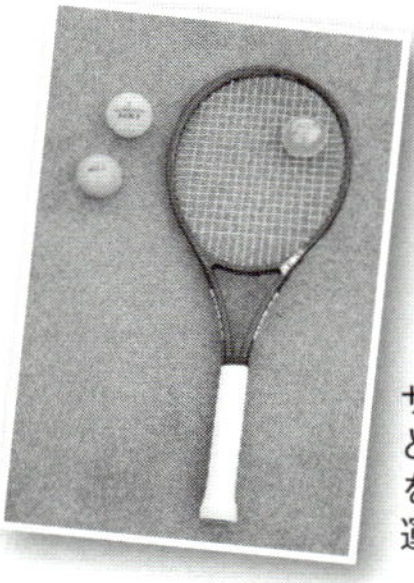

サービスの場合は、左右どちらかにウィンボールをつけたほうが腕が回る運動を加速してくれる

ウィンボールはテニスラケット専用ウエイトボールです。半分に分かれるのでストリングをはさんで装着します。ボールと同じくらいの大きさです。つける場所によってスイングの負荷が少しずつ変わります。低い位置につけたほうが負荷が少なく、高い位置につけると負荷がかかります。パワーをつけたい人は高い位置につけましょう。

またサービスの場合は、サイド方向につけると腕を回す運動を加速してくれます。真ん中のライン、特に先端につけると、腕が回るよりも先端が大きく動いてしまうため、あまりおすすめしません。左右につけたほうが腕が回るときに大きな負荷を生み出し、サービスの成功には必要です。親指側にウィンボールがくるように持つとスイングが加速するという学生の声もあります。

親指側にウィンボールがくるように持つとスイングが加速する

動画はコチラ
ドリル31-35

ドリル
35 フラフープサービス

自分の体の傾きとスイング方向が正しいかどうか確認する練習です。プレーヤーはサービスの構えから素振りをします。パートナーは正しい動作方向を示すスイングプレーンをフラフープで示してください。そしてプレーヤーはフラフープに沿ってスイングをします。動作とスイング方向がズレていないかチェックします。ナチュラルスピンサービスは動作方向と打球方向が違います。ですから正しいスイングを確認しづらいので、このような目印をつくってスイングし、確認することは重要です。

トスは横方向から上げる

フォワードスイング ＆ フォロースルーは斜め上方向

正しいスイングプレーンに合わせて素振りをする

動画はコチラ
ドリル36-40

ドリル
36 デッサン人形でイメトレ

デッサン人形を使ってサービスフォームを表現します。プレーヤーに自分が思い描いているサービスモーションを表現してもらいます。これをすると本人が持つサービスイメージが引き出せ、正しいのか間違っているのかがはっきりします。間違っているならイメージを焼き直します。その後、デッサン人形を修正してもらい、イメージと実際をすり合わせていきます。頭で思っていることと、実際に表現するものとの誤差を埋めていきます。

トスアップの左手はラインに沿うように横から上げ、ラケットを持つ右手は顔の前（ラケットは立てずに寝かせる）、スタンスはクローズドスタンスが正しい

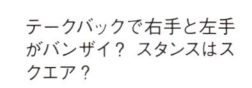

テークバックで右手と左手がバンザイ？ スタンスはスクエア？

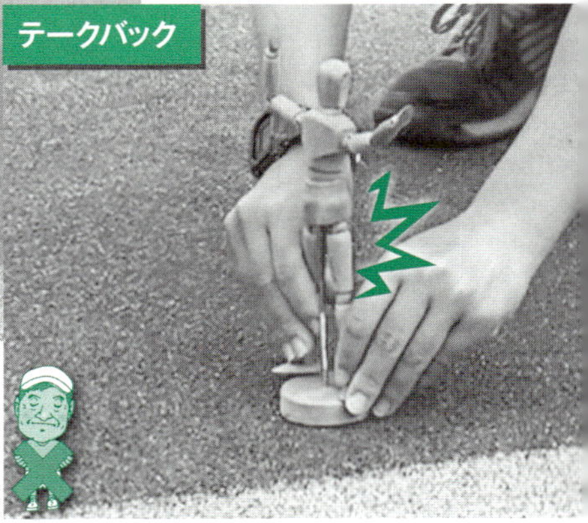

動画はコチラ
ドリル36-40

ラケットを縦に振るイメージを持っていると、スイングが体に近くなり、動作方向と打球方向が一致するため回転がかからない

スイングイメージは非常に大切です。グラウンドストロークやボレーと違って、サービスは空中にあるボールを打たなければならず、どの方向に動作するのが正しいのかをしっかりイメージしておく必要があります。

サービスは縦に振るというイメージを持っているのではないでしょうか。正しくは斜めに振っています。ラケット2本を写真のようにグリップ部分で合わせて持ち、8の字をつくって、その8の字でスイングを表現するなら、縦の8の字に沿って振るとスイングが窮屈です。体に負担がない理想的なスイングは斜めの8の字で、それを斜め上に置くのが正しいサービスのイメージとなります。

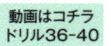

縦に腕を振ると窮屈

動画はコチラ
ドリル36-40

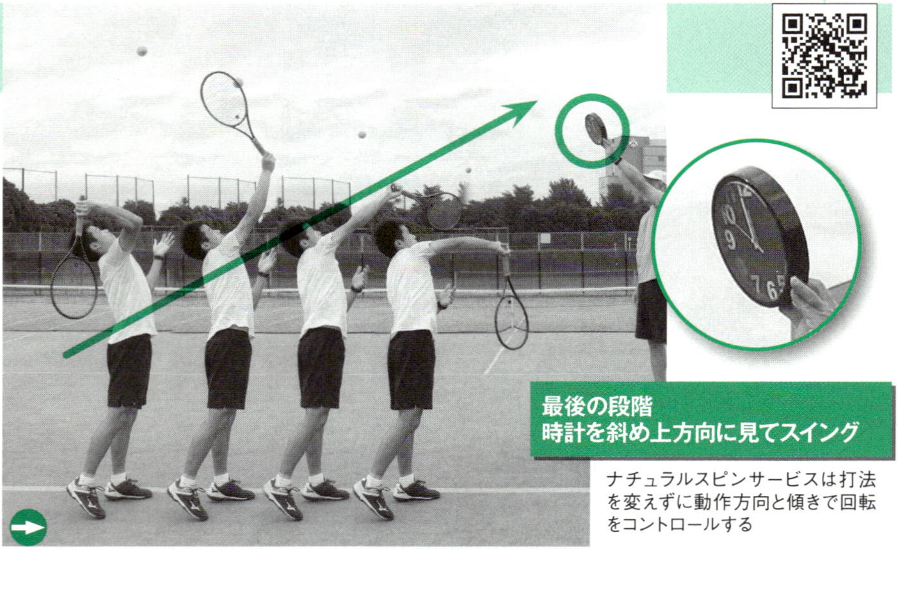

ナチュラルスピンサービスは打法を変えずに動作方向と傾きで回転をコントロールする

ドリル
37 横8の字サービス

動作方向は斜め上

ラケットを斜めに振ると体に負担が少なく楽に振れる。動作がスムーズで体、肩、肘、腕が連動して回る

斜めの8の字スイング

正しい腕の通り道は写真のような斜め（または横） の8の字の方向。そこを腕が通ると一番力が入る

ドリル
38 時計サービス

ナチュラルスピンサービスの体の向き、傾きを理解するのに便利なのが時計です。かつてのサービス指導では時計の文字盤を正面に見て、スピンは縦方向へ、スライスは横方向に擦るなどと言われていました。スイングを変えて打っていたのです。でもナチュラルスピンサービスは打法は変えずにひとつで、体の向きと傾きで回転をコントロールします。

時計はいつも自分が向いている方向の正面に見てください。練習の最初の段階は「時計を正面に見てスイング」しても、最終的には右斜め上方向を向いて動作をしますので、「時計は斜め上方向に見てスイング」をします。

最初の段階
時計を正面に見てスイング

ここでも時計を指標に腕の通り道を理解しよう

動画はコチラ
ドリル36-40

ドリル
39 ダブルネットサービス

サービスを打つときはネットの高さが障害物となり、越えなければなりません。ところがネットの上、ギリギリを通している人が多く、そうするとネットミスをするか、ネットを超えてもボールは浅く入ってしまいます。そこでもっと軌道を上げるという意味で、サービスボックスの中にも障害物を置きます。サブネットを置いたり、写真のようにベンチを使ったりしてください。

ネットの向こうの、さらに障害物も越えるサービスでターゲットを狙って打っていきます。その場合、サービスは放物線を描かなければなりません。

もうひとつ障害物を置く

ターゲットを狙うときに、障害物をネットだけでなく、もうひとつ障害物を置くことでより高い軌道のボールで深い位置を狙う意識が生まれる

動画はコチラ
ドリル36-40

ドリル

40 センターベルト外し ＋ シングルススティック吊り上げ

ネットのセンターベルトを外すと中央の高さが 107㎝になります。外す前の 91.4㎝から 15.6㎝高くなります。ネットを高くすることで下半身からの上への連動も強くしないといけなくなります。高い軌道で打てば深く入り、高く跳ねるので、相手のレシーブ力を下げることができます。通常、下に向かって打ち、ネットにかける人やボールが浅くなる人は、これによってボールが放物線を描き、高い軌道で打ってサービスボックス（またはエリア）に落とすことができるようになります。

さらに狙うターゲットに対して深さが変わります。シングルススティックをボール軌道の通過点として目標にするとともに、ネットを高く上げることで深さを出します。

センターベルトを外す

ネットが高くなる

シングルススティックを立て、ボール軌道の通過点として目標にするとともに、ネットを高く上げて深さを出す練習をする

動画はコチラ
ドリル41-45

ドリル
41 素振り(バンダナ付き)

ナチュラルスピンは腕を回す、回し続ける動作が必要です。腕が回っている途中でラケット面がボールを斜めにとらえて、腕を回し続けます。最後まで回すことでスピンがしっかりかかります。

ここではラケットの斜め上部分にバンダナを結びつけて、腕を回す感覚を養います。腕の通り道は斜めです。スイングの加速と腕が回る感覚を覚えてください。

バンダナはラケットの
斜め上部分に結ぶ

ラケットが加速して腕が回る

動画はコチラ
ドリル41-45

ドリル
42 ゴム紐サービス

ネットはセンターが一番低くて 91.4㎝です。審判台はだいたい 180㎝くらいの高さがあります。その高さを使ってネット上にゴム紐を張りましょう。そうするとサービスがネットの上を通過する高さを見積もることができます。

ネットの上をぎりぎりで通すプレーヤーはサービスの“入り口”を狭く考えていて、ボールも浅くなりがちです。そこで、ネットの上のゴム紐までをサービスの“入り口”としてとらえて練習していきましょう。

それとともにゴム紐にリボンを結び、狙いたいターゲットに対する空間の目印にします。サービスをどこから打ち、どこを通過させればターゲットに届くのかを日々考えながら練習します。サービスはほとんど同じ場所から打つため、日々の繰り返しによって再現が可能になります。

ネットの上に紐を張ってサービスの“入り口”を広げる

ゴム紐にリボンの目印

空間に目印を付けて
ターゲットを狙う

動画はコチラ
ドリル41-45

ドリル
43 歩行サービス

ボールを 3球持って歩きながらサービスを打ちます。動作を止めずに3球連続で打ってください。ナチュラルスピンサービスの動作方向は斜め上方向ですので、斜め 45度の方向に歩きながらテンポよく連続で 3球打ちます。

歩行動作とサービスモーションはいっしょです、歩行しながらトスアップ、テークバックができるので、そのリズムに合わせてスイングします。スムーズなサービスモーションが生まれやすくなります。

3球持って歩きながら連続で打つ

動画はコチラ
ドリル41-45

ドリル
44 グラウンドスマッシュサービス

プレーヤーはグラウンドスマッシュを打ちます。パートナーはネット付近からサービスラインとベースラインの中間くらいにロブを球出ししてください。プレーヤーはロブをワンバウンドさせてスマッシュをストレートへ打ちます。

スマッシュとサービスは動作がほとんど同じです。動作方向と打球方向がずれること、身体を回してパワーを出し、コースを狙うこと。それらをベースラインの深い場所からスマッシュで実践します。スライス系のグラウンドスマッシュをストレートへコントロールしましょう。動作方向とボールが飛んでいる方向の違いが理解しやすいと思います。また、下半身からの連動性でパワーを出す練習にもなります。

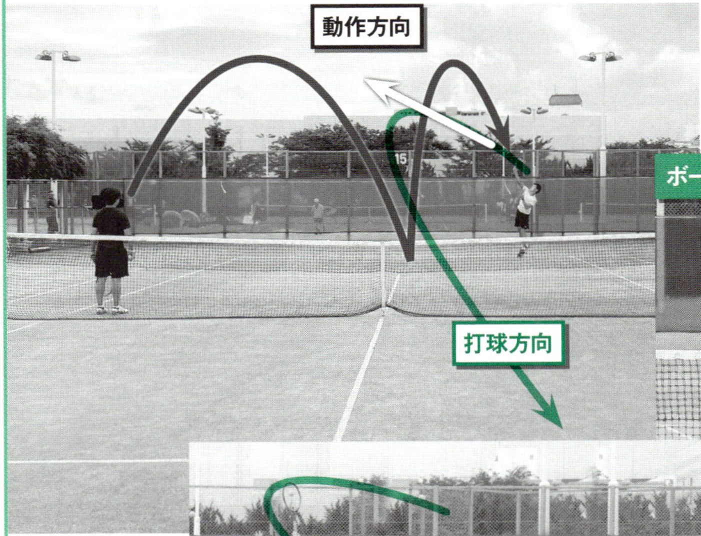

グラウンドスマッシュをストレートへコントロール。動作する方向と打球が飛ぶ方向の違いを理解する

動画はコチラ
ドリル41-45

ドリル

45 ミラー（鏡）サービス

鏡に向かって素振りをします。椅子を用意して座り、体が傾かないようにしてください。鏡を見ながら自分の体の動きを確認するとともに、傾きがないか、肘が下がっていないかをチェックします。また鏡のフレームを使って、自分の腕の振りがバランスが良いかどうか、正しいかどうかも確認してください。

最初はラケットを持たずに腕だけで素振りをします。ゆっくりと行い、体の軸が真っすぐであること、両肩が水平であること、肘の角度が狭すぎず広すぎず 90度程度かなどを見てみましょう。

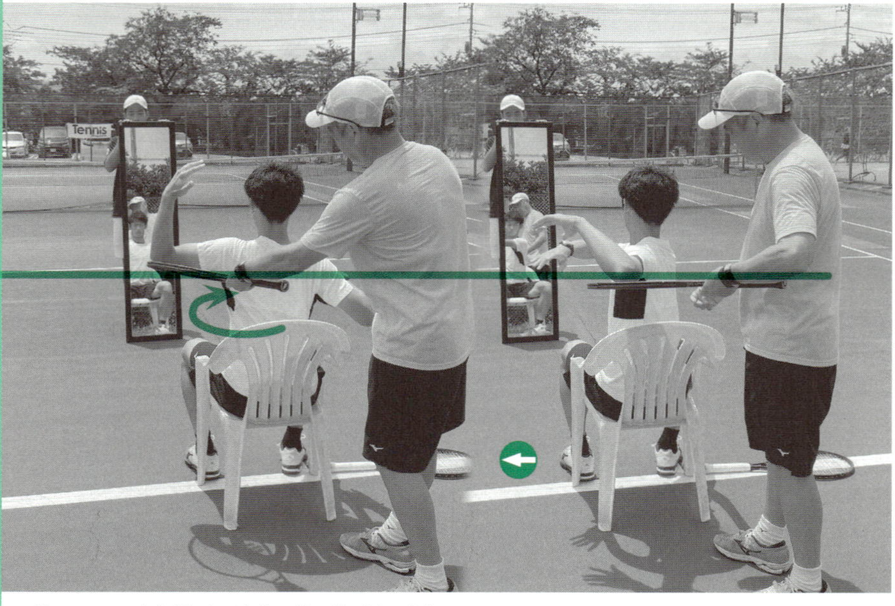

鏡のフレームを定規にして自分の体の軸が真っすぐか、
余計な傾きがないかなどをチェックする

動画はコチラ
ドリル46-50

ドリル

46 ステップサービス(台乗り)

ナチュラルスピンサービスはクローズドスタンスで斜め上方向にスイングを加速します。そこで、ここでは傾斜のある台(車止め) を後ろ足で踏み、下半身の力を大きく使って腰を切り、斜め上方向へジャンプするとともに前進します。下半身からの連動性が大きなパワーをつくり、スイングを加速していきます。

もうひとつ台を使った練習を紹介します。こちらは前足を台に乗せてテークバックをします。フォワードスイングへ切り返すときに後ろ足で地面を蹴って、両足で台に乗ります。体を高く上げる感覚が理解できます。フォワードスイングでラケットは加速してインパクトに向かいます。

台の傾斜を使う

下半身からパワーをもらって
斜め上方向にジャンプする

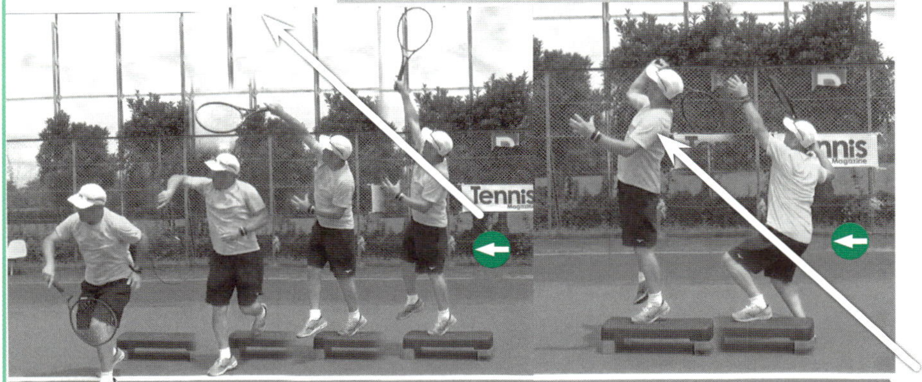

下半身からパワーをもらって斜め上に高く上がる

台の高さを使う

動画はコチラ
ドリル46-50

前足重心をキープしながら腰を切り、地面を蹴って大きなパワーを生み出す

ドリル

47 ダブルニージャンプサービス

下半身から力をもらってラケットは加速します。そこでサービスを打つ前に、膝を高く上げてジャンプするダブルニージャンプを 2回連続で飛び、そのあとすぐにサービスを打ちます。ダブルニージャンプをすることによって下半身に刺激が入っていますから、その刺激を生かして、サービスでも地面を強く蹴り、大きなパワーを生み出すようにします。

動画はコチラ
ドリル46-50

ドリル

48 両足閉じサービス

正面を向いて両足を閉じ、体のひねり戻しを大きく使ってサービスを打ちます。両足を閉じると体が一本の軸になるため、正しく動作をしないとバランスが崩れます。スイング前、スイング後に真っすぐに立っていられるように、正しいスイング軌道を確保してください。腕は斜めにバンザイしたところを通ります。そこを通るとスイングは加速して、スイング後もバランスが崩れません。

正面を向いて両足を閉じ、体をひねる

斜めにバンザイしたところが腕の通り道。そこを通ってスイングすれば体への負担はなく、スイングは加速し、パワーが生み出せる

動画はコチラ
ドリル46-50

ドリル

49 叩きつけサービス

スイングを加速していく中で一番力が入る打点を見つけます。

サービスをサービスボックスに打つのではなく、自分が立っている場所のすぐ前に叩きつけます。手前にバウンドさせるには、打点を前にしなければいけません。スイングを加速させるには正しい腕の通り道を確保する必要があります。斜めにバンザイしたところが、正しい腕の通り道です。どれだけ大きなパワーが出せるか挑戦してください。パワーを引き出す練習にもなります。

ボールを叩きつける　加速した腕の通り道　体の捻転差を使ってパワーを生み出す

動画はコチラ
ドリル46-50

ドリル
50 3度ランニング腕振り＋サービス

サービスの構えから 3回ランニングポーズで腕をしっかり振り、そのあと、ゆったりとサービスを打ちます。

サービスの切り返しでトスアップした腕を下に早く下げてしまい、体が上に上がっていかずパワーが出せないプレーヤーがいます。女子選手に多い間違いです。切り返しではエネルギーをインパクトに向けて上に伝えたいので、トスアップの腕は下げるのではなく肘を引いて、代わりに利き手が上に上がってくるサポートをします。

そこでランニングポーズです。切り返しでは空中でランニングするように右手と左手を入れ替えてスイングを加速させ、エネルギーを伝えます。

腕を振る

続けてサービス

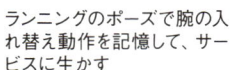

ランニングのポーズで腕の入れ替え動作を記憶して、サービスに生かす

おわりに

本物を目指したほうが楽しい テニスは生涯をかけて 「上」を目指していけるスポーツだから

コーチいらずを目指して。

テニスは考える力が必要なスポーツです。そしてテニスはミスのスポーツでもあります。多くの失敗を振り返しながら、修正を繰り返すゲームです。ですから、ボールが入った、入らなかったという結果で終わらせず、「技術的、戦術的に有効なサービスだったか？」「ポイントに結びつくサービスだったか？」「レシーブ力を下げるサービスだったか？」などをそのつど考えて、サービスキープの精度を高める努力を続けていかなければなりません。

学生たちの大きな目標のひとつであるインカレ前の練習中のことです。サービスをフォールトした学生に、「今どうしてフォルートしたと思う？」とたずねました。学生は「今のサービスは、トスしたあとに左手が少し早く下がって、顔が少し前を向いて、下半身からの連動がうまくいきませんでした。上体が力みました」と答え、そのあと、腕をぶるぶる振って、ジャンプを数回して、呼吸を整えてから次のサービスを打ちました。

このように自身のミス（フォールト）を理解して、それを修正することは、テニスプレーヤーにとっての当たり前であり、そしてとても大切なことです。学生はミスの原因を理解し、修正方法にも気がついて実行し

ていきました。
テニスは、試合中は誰からもアドバイスがもらえないスポーツですから自立が求められます。私は彼女のその行動がとてもうれしかったです。選手が「コーチいらずになること」は指導者にとって一番幸せなこと。かつて私にこんなことを言ってくれた先生がいます。「指導者は、自分を不必要にさせるのが仕事」だと。いないと困るのが指導者ではなく、指導者がいなくても自分で考えて行動できる人間を育てていくことが指導者の仕事だと言われて、今日まで目指してきました。
テニスは生涯できるスポーツであり、すべてのプレーヤーが「上」を目指せるスポーツです。女性用、ジュニア用、ビギナー用、プロ用のテニスなどありません。だから『テニス』『サービス』は理想に挑戦して、進化を目指してくれたらと思っています。
15年前の前書『テニス丸ごと一冊サービス』発行以来、選手や指導者、ジュニアから一般プレーヤーまで、サービスの指導を求められることが多くなりました。サービスしか教えられないコーチではないのですが(笑)、みなさんが口をそろえて「サービスを教えてほしい!」と私に言ってきます。その熱量がうれしくて、「よし、やろう!」と言ってしまいます。ボールカゴに手を伸ばすみなさんのキラキラした目、ワクワクした様子に、こちらこそ引き込まれて、もっといいサービスは打てる!という気持ちが湧き上がります。年齢・レベルを問わず、「ひとつの打法」の浸透を感じている日々。サービスのレベルアップが日本テニスの力になると信じて、これからも「ナチュラルスピンサービス」を提唱する活動は続けていくと思います。
そういえば、2024年パリ・オリンピックを見ていて、錦織圭選手のサービスの構えが変わったと感じました。あれほどのプロが変化に挑戦しているのです。もっといいサービスは打てる!と。

最後になりましたが、ベースボール・マガジン社の担当編集者、青木和子さんにはテニスマガジンの特集記事に始まり、この書籍に至るまで、「わかりやすく」「読者目線で」「プレーヤー目線で」とずっと声をかけられてきました。私の引き出しをいくつもいくつも開けに来て、それはまるで超ハイスピードのサービス動作を瞬時に解説し続けるような、そんな挑戦でした。
その繰り返しと積み重ねが、サービスを304ページにわたり表現することにつながりました。そして、表現力というものの大切さを身に染みて感じています。本書に表現したことが、より多くのプレーヤーのみなさんによい影響を与えるものとなることを切に願っています。

堀内 昌一

堀内昌一

（亜細亜大学教授 / テニス部総監督）

1960年2月1日、東京都生まれ。日本体育大学大学院修了。亜細亜大学教授。亜細亜大学テニス部監督として、関東リーグでは男子5連覇、女子8連覇、全日本大学王座決定試合では男子2回、女子3回優勝へ導く。選手時代は83年ユニバーシアード代表、85、86年ジャパンオープン出場を果たした。また、87～89年ワールドユース日本代表チーム監督、オレンジボウル、ウインブルドンジュニア遠征監督、99年ユニバーシアード・スペイン大会の日本代表チーム監督を歴任。現在は、学生の育成・強化はもちろんのこと、日本テニス界全体の普及・強化活動にも尽力。日本テニス協会公認マスターコーチとして指導者養成にも携わる。

モデル	原由紀代、森 美紀、坪奈津美、井上貴博 篠川智大、土居諒太、風早一樹、木下ミサ 岡林陽子、長谷川梨紗、林 倫正、益田拓馬 本田和之、松田美咲、朝倉菜月、福室有那 熊坂拓哉、堀内竜輔、川村周子、加藤木優人 真中翔楊、高橋礼奈、小林千陽
協　力	亜細亜大学テニス部 モリパーク テニスガーデン
写真	小山真司、高見博樹、菅原 淳 川口洋邦、BBM、Getty Images
イラスト	サキ大地
カバーデザイン	泰司デザイン事務所
デザイン	アラマキデザイン

テニス丸ごと一冊 サービス［増補版］

2024年9月30日　第1版第1刷発行

著　者　堀内 昌一
発行人　池田 哲雄
発行所　株式会社ベースボール・マガジン社
〒103-8482
東京都中央区日本橋浜町2-61-9 TIE浜町ビル
電話　03-5643-3930（販売部）
03-5643-3885（出版部）
振替口座　00180-6-46620
https://www.bbm-japan.com./

印刷・製本 大日本印刷株式会社

ISBN978-4-583-11715-7　C2075